月居良子の
一年中の
トップス & ワンピース

文化出版局

Contents

Photo p. ■ How to make p.

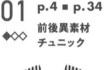

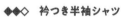

作りはじめる前に
—— p.32

01

How to make
p.34

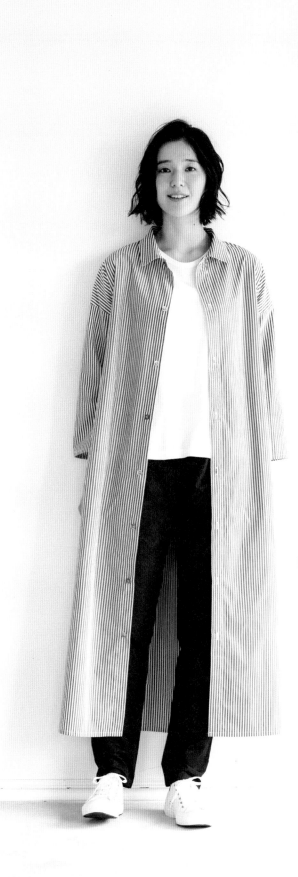

02

How to make
p.36

03

How to make
p.38

04

How to make
p.40

05

How to make
p.42

06

How to make
p.44

07

**How to make
p.46**

08

**How to make
p.48**

09

How to make
p.50

10

**How to make
p.52**

11

How to make
p.54

12

How to make
p.56

13

How to make
p.58

14

**How to make
p.60**

15

How to make
p.62

16

How to make
p.51

17
How to make
p.64

18
How to make
p.66

19

**How to make
p.68**

20

How to make
p.70

21

**How to make
p.72**

22

How to make
p.65

23

How to make
p.74

24

How to make
p.75

25

How to make
p.76

26

How to make
p.77

27

How to make
p.78

作りはじめる前に

実物大パターンの使い方　*この本のパターンにはすべて縫い代が含まれています。

マーカーペンで線をなぞる

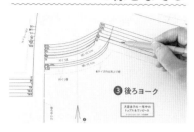

自分のサイズを**p.33**の「参考寸法表」で確認し、該当サイズの太い輪郭線をマーカーペンでなぞる。

線を切る

輪郭を切る。
*いろいろな型で使えるように、身頃はいちばん長い裾線を切る。

途中のものは折って使う

丈が短い途中のものは、パターンを裾線で折る。

裾線がカーブの場合

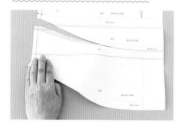

裾のカーブの部分だけを切る。直線部分は残しておく。

直線部分を内側に折り込む。はみ出た部分も中に折り込む。

裁断し終えたら

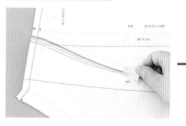

内側に折った部分は元に戻して平らにし、切ったところはきれいに突き合わせてマスキングテープを貼る。

カーブの切った部分にマスキングテープを貼ったところ。こうすれば、着丈の長いものも短いものもどちらも作れる。

衿ぐりの場合

衿ぐりのカーブの部分だけを切る。直線部分は残しておく。

切った部分を内側に折り込む。

裁断し終えたら

切ったところはきれいに突き合わせてマスキングテープを貼る。

Vネックの場合

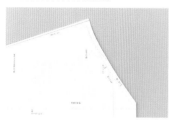

Vネックもカーブの部分を切って、直線部分は内側に折り込む。

印つけをする　裁断したら、パターンをつけたまま印つけをします。

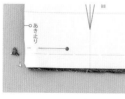

後ろ中心などのわの部分は、はさみで0.5cmくらいの三角に切り落とす。衿ぐり側も同様にする。

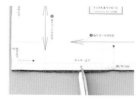

合い印に、はさみで0.5cmの切込みを入れる。ほかの合い印も同様に切込みを入れておく。

ポケットつけ位置は、両端の2か所に目打ちで刺して穴をあける。

パターンの用意

布に直接線を引く

たとえば、07 のように前中心で平行にプラスするシンプルな場合、チョークペンシルなどで布に直接線を引く。

製図用紙に描く

たとえば、06 のように少し複雑な場合、パターンに製図用紙を足してマスキングテープでとめて、作り方の指示どおりに線を引く。

三つ折りのしかた
この本の、ウエストと裾はすべて三つ折りにしました。

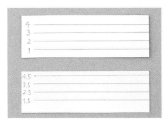

アイロン定規を作る。はがき程度の厚紙（20×5cm くらい）に、油性ペンで1cm 間隔に平行線を引く。

直線の場合

縫い代が 2cm の場合。アイロン定規の 2cm の目盛りに合わせてアイロンで折る。

カーブの場合

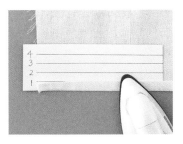

そのままの位置で 1cm の目盛りに合わせて折る。このように、縫う前にアイロンで折っておくとあとの作業がスムーズ。

布端から0.5cm の位置にギャザーミシンをかける。

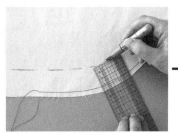

布端から 4cm（※）の位置にチョークペンシルで印をつける。※縫い代が 2cm の場合、幅の 2 倍で 4cm。

布端を印に合わせて折る。そのとき、ギャザーミシンの糸を少しずつ引いて均等にカーブに合わせて縮める。

そのままの位置で 1cm 折り込む。ギャザーを均等に寄せてアイロンで整える。

袖下の縫い方

袖口が細くなっている袖の袖下を縫うとき、袖口の縫い代分は袖下縫いと線対称になるように少し縫い開くと、袖口の縫い代を三つ折りにするときに足りなくならずにきれいに折れる。

サイズについて

この本の作品は、サイズ S、M、L、XL、2XL、3XL の 6 サイズが作れます。ご自分のサイズを右記「参考寸法表」で確認してサイズを決めてください。身長はすべて同じになっていますので、着丈は好みの長さに調節してください。

参考寸法表　＊単位は cm

	バスト	ウエスト	ヒップ	身長
S	82	61	87	160
M	86	66	92	160
L	90	71	97	160
XL	94	76	102	160
2XL	98	81	107	160
3XL	102	86	112	160

切りとったパターンはクリアファイルなどに入れて、なくさないように大切に保管してください！

01 前後異素材チュニック

photo — p.4
level — ◆◇◇

前と後ろで長さが違うチュニックは、
着丈だけでなく布も前後で替えてみました。
ときには、前後を逆にしてもユニーク。
かぶって着られます。

＊文中、図中の6つ並んだ数字は、サイズ
　S、M、L、XL、2XL、3XL。1つは共通

■出来上り寸法

バスト … 96、100、104、108、112、
　　　　　116cm
ゆき … 73、73、73.5、73.5、74、74cm
着丈 … 93、93.5、94、94.5、95、95.5cm

■材料

布［リネン］… 156cm幅 120cm
　（前、袖、前衿ぐり見返し、袋布分）
布［綿麻ストライプ］… 110cm幅 130cm
　（後ろ、後ろ衿ぐり見返し分）
接着芯 … 40 × 30cm

■作り方

1　裾を三つ折りにして縫う（p.33参照）
2　肩を縫い、縫い代は2枚一緒にジグザ
　　グミシンをかけて後ろ側に倒す
3　衿ぐりを見返しで始末する（図参照）
4　袖をつけ、縫い代は2枚一緒にジグザ
　　グミシンをかけて身頃側に倒す
　　（図参照）
5　ポケット口を残して袖下から脇を続け
　　て縫う（図参照）
6　袋布をつける（図参照）
7　袖口を三つ折りにして縫う

■裁合せ図

［リネン］
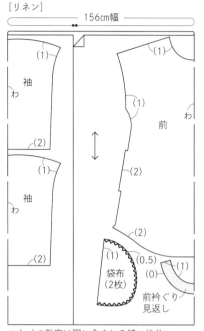

［綿麻ストライプ］
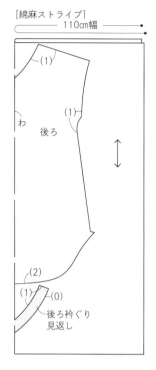

＊（　）の数字は図に含まれる縫い代分
＊ ▨ は接着芯
＊ 〰 はジグザグミシンをかけておく

■パターンの用意

＊ ▨ は実物大パターン

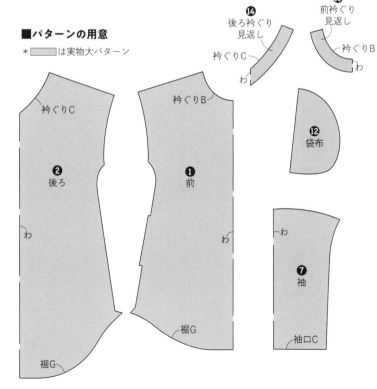

■縫い方順序

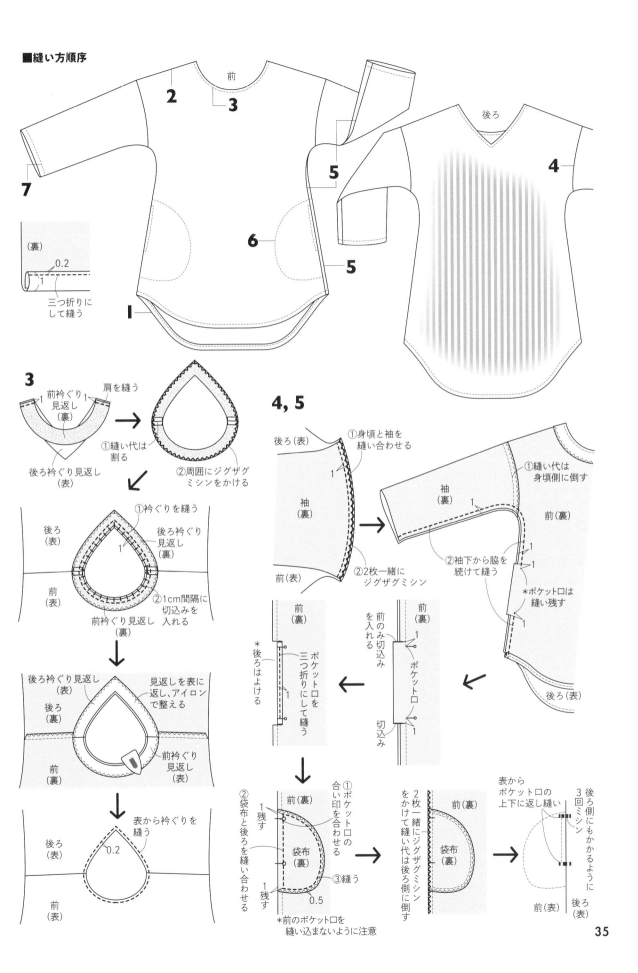

7

(裏)
0.2
1
三つ折りにして縫う

2 **3** 前

5
6
5

後ろ **4**

3
肩を縫う
前衿ぐり1 1見返し
(裏)
後ろ衿ぐり見返し
(表)
→
①縫い代は割る
②周囲にジグザグミシンをかける

後ろ(表)
前(表)
①衿ぐりを縫う
後ろ衿ぐり見返し(裏)
1
前衿ぐり見返し(裏)
②1cm間隔に切込みを入れる

後ろ衿ぐり見返し(表)
後ろ(裏)
前(裏)
見返しを表に返し、アイロンで整える
前衿ぐり見返し(表)

後ろ(表)
後ろ(裏)
前(裏)
0.2
前(表)
表から衿ぐりを縫う

4, 5

後ろ(表)
1
袖(裏)
前(表)
①身頃と袖を縫い合わせる
②2枚一緒にジグザグミシン

→

袖(裏)
1
①縫い代は身頃側に倒す
前(裏)
②袖下から脇を続けて縫う
1
1
1
*ポケット口は縫い残す
1
後ろ(表)

←

前(裏)
1
前のみ切込みを入れる
ポケット口
切込み
1
切込み

*後ろはよける
前(裏)
ポケット口を三つ折りにして縫う
1
1

←

①ポケット口の合い印を合わせる
②袋布と後ろを縫い合わせる
前(裏)
1残す
袋布(裏)
③縫う
1残す
0.5
*前のポケット口を縫い込まないように注意

→

前(裏)
②2枚一緒にジグザグミシンをかけて縫い代は後ろ側に倒す
袋布(裏)

表からポケット口の上下に返し縫い
後ろ側にもかかるように
3回ミシン
前(表)
後ろ(表)

35

02 衿つきロングシャツワンピース

photo ── p.5
level ── ◆◆◇

ロング丈がおしゃれな前あきのシャツワンピース。
一見シンプルですが、後ろはヨーク切替え＋ギャザーで
ほどよい甘さが。
はおってコート風に着ても、
ボタンをとめてワンピースのように着ても。

＊文中、図中の6つ並んだ数字は、サイズS、M、L、
　XL、2XL、3XL。1つは共通

■出来上り寸法
バスト … 110、114、118、122、126、130cm
ゆき … 68、68、68.5、68.5、69、69cm
着丈 … 115.5、116、116.5、117、117.5、118cm

■材料
布［綿ストライプ］… 112cm幅350cm
ボタン … 直径1.3cmを8個
接着芯 … 10×60cm

■作り方
1　前端を三つ折りにして縫う（p.41参照。裾は縫わない）

2　後ろにギャザーを寄せて後ろヨークと縫い合わせる（p.41参照）

3　肩を縫い、縫い代は2枚一緒にジグザグミシンをかけて後ろ側に倒す

4　衿を作り、つける（p.41参照）

5　袖をつけ、縫い代は2枚一緒にジグザグミシンをかけて身頃側に倒す（p.35参照）

6　スリットを残して袖下から脇を続けて縫い、縫い代は2枚一緒にジグザグミシンをかけて後ろ側に倒す（図参照）

7　スリットを三つ折りにして縫う（図参照）

8　裾を三つ折りにして縫う

9　袖口を三つ折りにして縫う

10　ボタンホールを作り、ボタンをつける

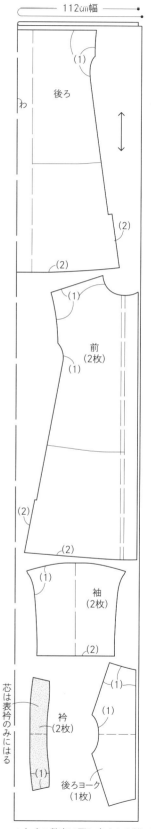

■裁合せ図

112cm幅

後ろ

わ

前
（2枚）

袖
（2枚）

衿
（2枚）

芯は表衿のみにはる

後ろヨーク
（1枚）

＊（　）の数字は図に含まれる縫い代分
＊▨は接着芯

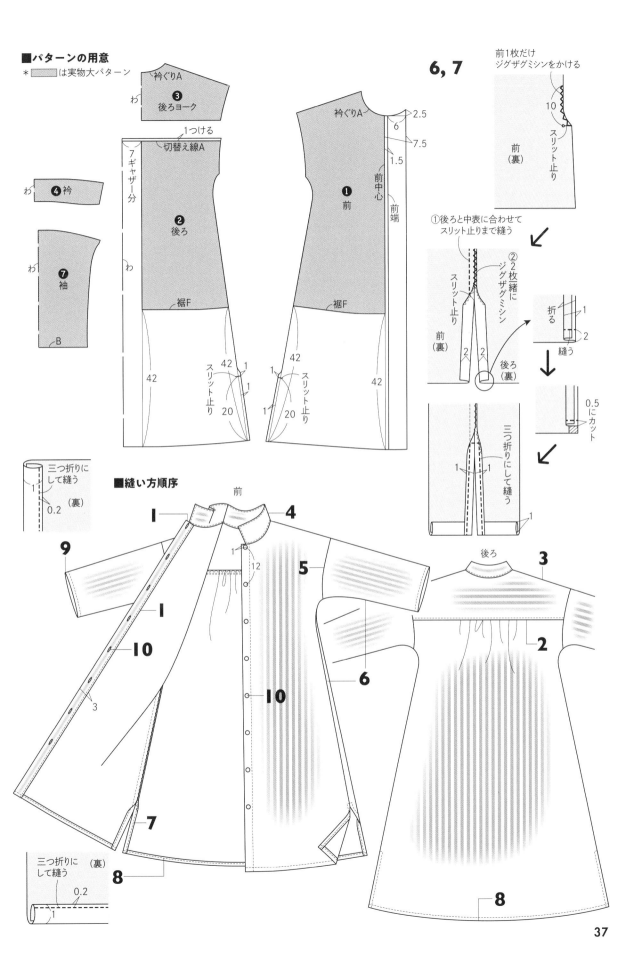

■パターンの用意
* ▨ は実物大パターン

❸ 後ろヨーク
衿ぐりA
わ

❹ 衿
わ

❼ 袖
わ
B

切替え線A
1つける
7 ギャザー分
わ
❷ 後ろ
裾F
42
スリット止り
42 1
1
20
1

衿ぐりA
前中心
前端
❶ 前
2.5
6
7.5
1.5
裾F
42
1
42
スリット止り
1
20
1

6, 7

前1枚だけ
ジグザグミシンをかける
10
スリット止り
前（裏）

①後ろと中表に合わせて
スリット止りまで縫う
スリット止り
②2枚一緒に
ジグザグミシン
前（裏）
後ろ（裏）
2 2

折る
1
2
縫う

三つ折りにして縫う
1 1

0.5にカット

三つ折りにして縫う
1
0.2
（裏）

■縫い方順序

前
I
4
9
I
10
3
7
8

1
12
5
6
10

後ろ
3
2
6
8

三つ折りにして縫う
0.2
1
（裏）
8

37

03 前後差バンドカラーシャツ

photo — p.6
level — ◆◆◇

前から見ると着丈が短くて軽快。
後ろはヒップが隠れる安心の長さ。
下半身が気になる、というかたの
体型カバーにもなる秀逸アイテムです。

＊文中、図中の6つ並んだ数字は、サイズ S、M、L、
　XL、2XL、3XL。1つは共通

■出来上り寸法

バスト … 110、114、118、122、126、130cm
ゆき … 68、68、68.5、68.5、69、69cm
着丈 … 83、83.5、84、84.5、85、85.5cm

■材料

布［綿ストライプ］… 116cm幅 250cm
ボタン … 直径1.3cmを6個
接着芯 … 10×60cm

■作り方

1 前端を三つ折りにして縫う

2 裾を三つ折りにして縫う（p.**33**参照）

3 後ろにギャザーを寄せて後ろヨークと縫い合わせる（p.**41**参照）

4 肩を縫い、縫い代は2枚一緒にジグザグミシンをかけて後ろ側に倒す

5 衿を作り、つける（図参照）

6 袖をつけ、縫い代は2枚一緒にジグザグミシンをかけて身頃側に倒す（p.**35**参照）

7 袖下から脇を続けて縫う。縫い代は2枚一緒にジグザグミシンをかけて後ろ側に倒す

8 袖口を三つ折りにして縫う

9 ボタンホールを作り、ボタンをつける

■裁合せ図

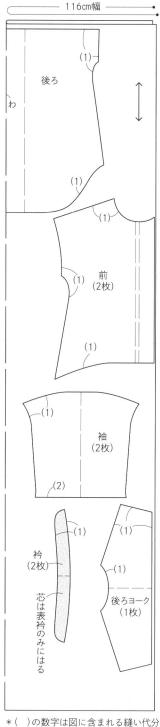

＊（ ）の数字は図に含まれる縫い代分
＊▨は接着芯

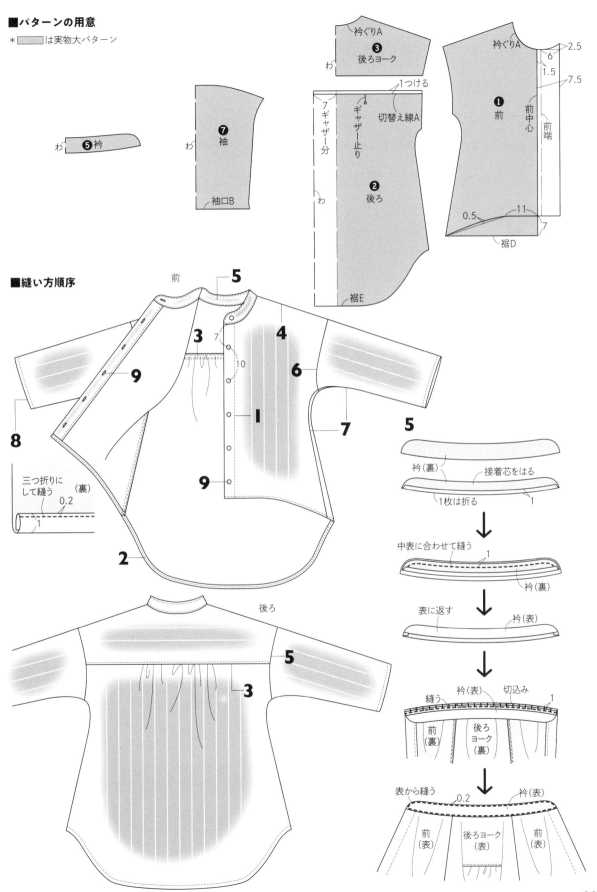

■パターンの用意

* ■ は実物大パターン

衿ぐりA
❸
後ろヨーク
わ

1つける
切替え線A
7ギャザー分
ギャザー止り
わ
❷
後ろ
わ
裾E

❼
袖
わ
袖口B

わ ❺衿

衿ぐりA
❶
前
前中心
前端
2.5
6
1.5
7.5
0.5　11
裾D
7

■縫い方順序

前
5
3
7
10
4
6
9
8
7
9
I
2

三つ折りにして縫う
(裏)
0.2
1

後ろ
5
3

5

衿(裏)　接着芯をはる
1枚は折る　1

中表に合わせて縫う　1
衿(裏)

表に返す　衿(表)

縫う　衿(表)　切込み　1
前(裏)　後ろヨーク(裏)

表から縫う　0.2　衿(表)
前(表)　後ろヨーク(表)　前(表)

04 衿つき半袖シャツ

photo — p.7
level — ◆◆◇

前は、シャツとしてはノーマルな着丈で
後ろは長い前後差シャツ。
リネンで作るとさらりとした肌触りで
暑い季節も涼しく過ごせます。
ボタンを全部とめるときちんと感があるので
重宝します。

＊文中、図中の6つ並んだ数字は、サイズ S、M、L、
　XL、2XL、3XL。1つは共通

■出来上り寸法

バスト … 110、114、118、122、126、130cm
ゆき … 48、48、48.5、48.5、49、49cm
着丈 … 83、83.5、84、84.5、85、85.5cm

■材料

布［リネン］… 110cm幅 240cm
ボタン … 直径1.3cmを6個
接着芯 … 10×60cm

■作り方

1　前端を三つ折りにして縫う（図参照）
2　裾を三つ折りにして縫う（p.33参照）
3　後ろにギャザーを寄せて後ろヨークと縫い合わ
　　せる（図参照）
4　肩を縫い、縫い代は2枚一緒にジグザグミシン
　　をかけて後ろ側に倒す
5　衿を作り、つける（図参照）
6　袖をつけ、縫い代は2枚一緒にジグザグミシン
　　をかけて身頃側に倒す（p.35参照）
7　袖下から脇を続けて縫う。縫い代は2枚一緒に
　　ジグザグミシンをかけて後ろ側に倒す
8　袖口を三つ折りにして縫う
9　ボタンホールを作り、ボタンをつける

■パターンの用意

＊ ▨ は実物大パターン

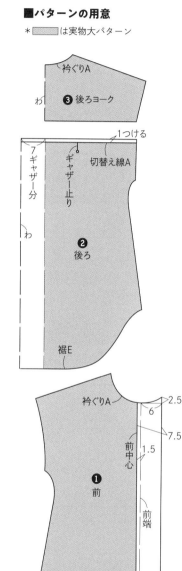

■裁合せ図

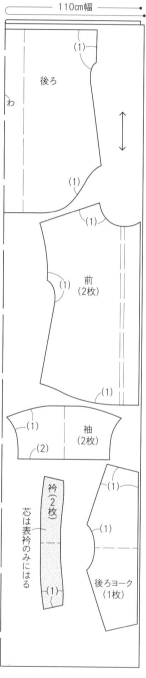

＊（ ）の数字は図に含まれる縫い代分
＊ ▨ は接着芯
＊ 〜〜〜 はジグザグミシンをかけておく

40

1, 2

③切込み
②縫う
①三つ折り
にする
1.5
3
前
(表)
1
②裾も縫う

表に返す
(裏)

②縫う
0.5
①三つ折りにして縫う

3

ギャザーを寄せてヨークの
つけ寸法に縮める

ギャザー止り   後ろ(表)   ギャザー止り

②2枚一緒にジグザグミシン
①中表に合わせて縫う
1
後ろヨーク
(裏)
後ろ(表)

縫い代を後ろヨーク側に
倒して表から縫う
後ろヨーク
(表)
0.2
後ろ(表)

■縫い方順序

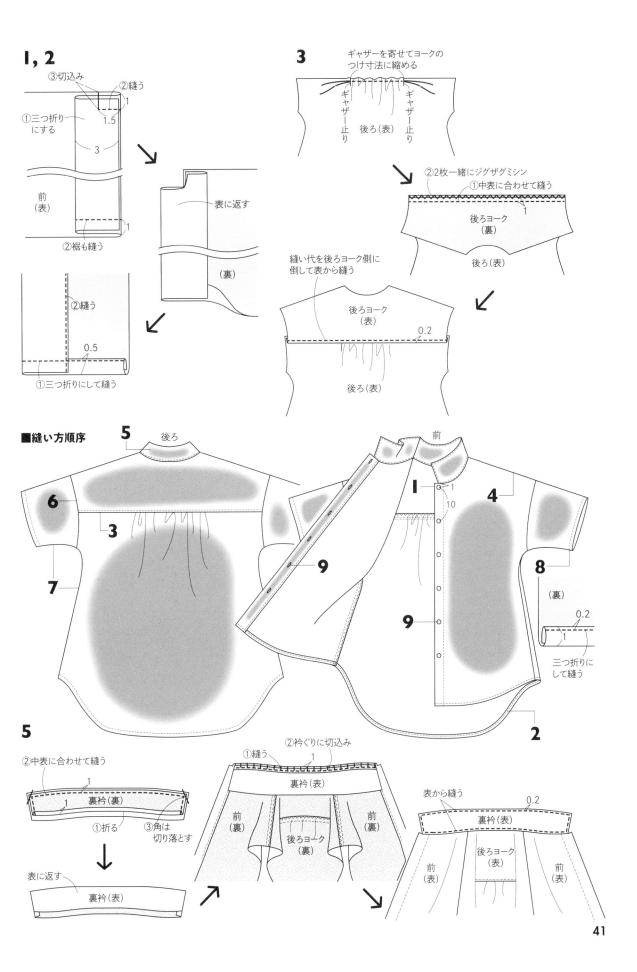

5   後ろ
6
3
7

前
1
10
4
9
8
(裏)
0.2
1
三つ折りに
して縫う
9
2

5

②中表に合わせて縫う
1
1
裏衿(裏)
①折る
③角は
切り落とす

表に返す
裏衿(表)

①縫う
②衿ぐりに切込み
1
裏衿(表)
前
(裏)
前
(裏)
後ろヨーク
(裏)

表から縫う
0.2
裏衿(表)
前
(表)
後ろヨーク
(表)
前
(表)

05 まちつきフレンチスリーブブラウス

photo — p.8
level — ◆◇◇

暑い季節は袖がなくてゆったりした
こんなブラウスがいちばん。
正方形の脇布が裾にはさんでありますが、
着ると落ち感が出てアクセントになり、
おしゃれ度がアップします。

＊文中、図中の6つ並んだ数字は、サイズS、M、L、
　XL、2XL、3XL。1つは共通

■出来上り寸法

バスト … 96、100、104、108、112、116cm
ゆき … 31.5、31.5、32、32、32.5、32.5cm
着丈 … 67.5、68、68.5、69、69.5、70cm

■材料

布［綿ストライプ］… 114cm幅160cm
接着芯 … 40 × 30cm

■作り方

1　肩を縫い、縫い代は2枚一緒にジグザグミシン
　　をかけて後ろ側に倒す
2　衿ぐりを見返しで始末する（p.35参照）
3　袖口を三つ折りにして縫う
4　脇布つけ位置を残して脇を縫う（図参照）
5　脇布をつける（図参照）
6　裾を三つ折りにして縫う（図参照）

■パターンの用意

＊▨は実物大パターン
＊脇布は製図を引く

■製図

```
        26
  ┌──────────┐
  │          │
26│   脇布    │
  │    ↑     │
  └──────────┘
```

■裁合せ図

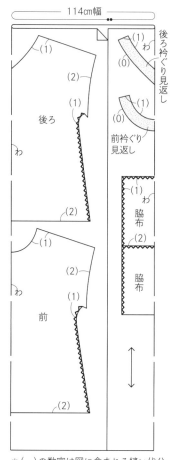

← 114cm幅 →

後ろ衿ぐり見返し

(1)
(0)

前衿ぐり
見返し

(1)
わ
脇布

(2)

脇布

後ろ
わ
(1)
(2)
(1)

前
わ
(1)
(2)
(1)
(2)

＊（ ）の数字は図に含まれる縫い代分
＊▨は接着芯
＊〜〜〜はジグザグミシンをかけておく

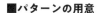

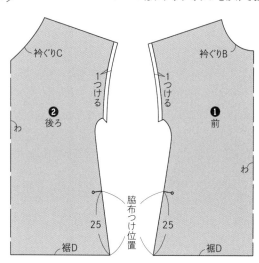

衿ぐりC

衿ぐりB
前衿ぐり見返し　⑬
わ

衿ぐりC
わ　後ろ衿ぐり　⑭
見返し

衿ぐりC
1つける

衿ぐりB
1つける

❷ 後ろ
わ

❶ 前
わ

脇布つけ位置

25　25

裾D　裾D

■縫い方順序

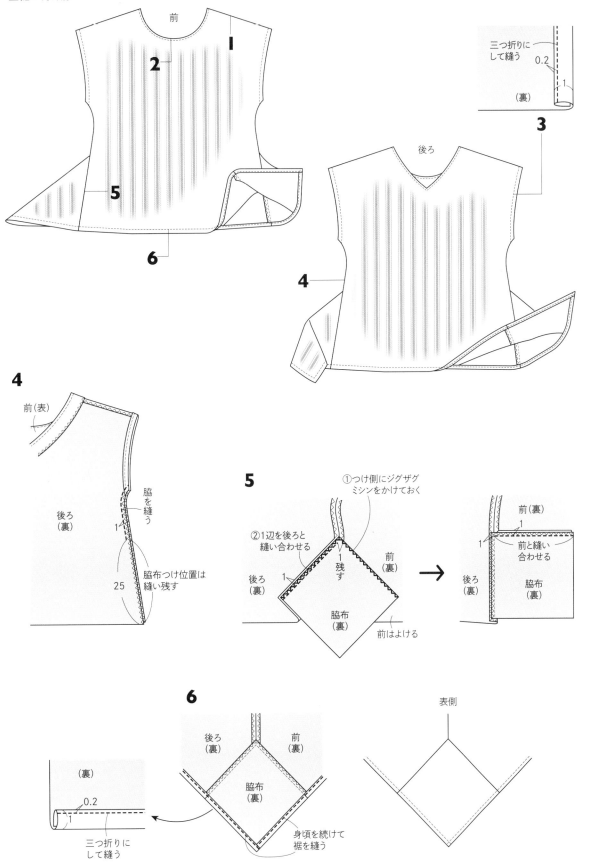

前

I

2

5

6

三つ折りに
して縫う

0.2

1

（裏）

3

後ろ

4

4

前（表）

後ろ
（裏）

脇を
縫う

1

脇布つけ位置は
縫い残す

25

5

①つけ側にジグザグ
ミシンをかけておく

②1辺を後ろと
縫い合わせる

後ろ
（裏）

1

前
（裏）

1
残す

脇布
（裏）

前はよける

→

前（裏）

1

1

前と縫い
合わせる

後ろ
（裏）

脇布
（裏）

6

後ろ
（裏）

前
（裏）

脇布
（裏）

表側

身頃を続けて
裾を縫う

（裏）

0.2

1

三つ折りに
して縫う

43

06 裾フリルのシャツワンピース

photo — p.9
level — ◆◆◆

フレアシルエットで裾にたっぷりギャザーの
フリルがついたワンピース。
シャープさと甘さが混在した魅力的な一枚です。
前をあけてコート風に着てもすてき。

＊文中、図中の 6 つ並んだ数字は、サイズ S、M、L、
　XL、2XL、3XL。1 つは共通

■出来上り寸法

バスト … 96、100、104、108、112、116cm
ゆき … 68、68、68.5、68.5、69、69cm
着丈 … 108、109、109.5、110、110.5、111cm

■材料

布[綿ストライプ] … 116cm 幅 350cm
ボタン … 直径 1.3cm を 7 個
接着芯 … 40 × 60cm

■作り方

1 肩を縫い、縫い代は 2 枚一緒にジグザグミシン
をかけて後ろ側に倒す

2 衿を作る(p.39 参照)

3 衿をつけ、衿ぐりを見返しで始末する

4 裾フリルにギャザーを寄せて身頃と縫い合わせ
る。前端を縫う

5 袖をつけ、縫い代は 2 枚一緒にジグザグミシン
をかけて身頃側に倒す(p.35 参照)

6 スリットを残して袖下から脇を続けて縫う

7 スリットを三つ折りにして縫う

8 袖口を三つ折りにして縫う

9 裾を三つ折りにして縫う

10 ボタンホールを作り、ボタンをつける

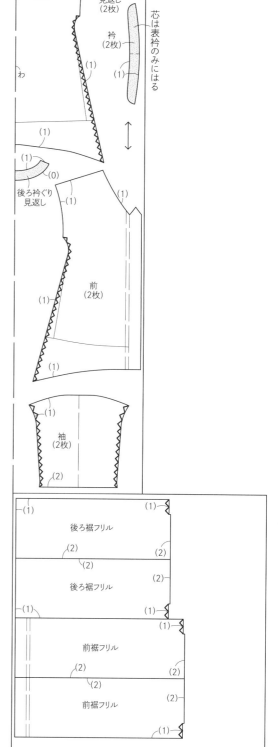

■裁合せ図

116cm幅

後ろ
わ
前衿ぐり見返し(2枚)
衿(2枚)
芯は表衿のみにはる
後ろ衿ぐり見返し
前(2枚)
袖(2枚)
後ろ裾フリル
後ろ裾フリル
前裾フリル
前裾フリル
116cm幅

＊( )の数字は図に含まれる縫い代分
＊▭▭▭は接着芯
＊〜〜〜はジグザグミシンをかけておく

■パターンの用意

＊ ▨ は実物大パターン
＊前後裾フリルは製図を引く

❻衿

❼袖

わ

袖口B

衿ぐりB

わ

⓯
後ろ衿ぐり
見返し

衿ぐりC

前中心

⓰
前衿ぐり
見返し

衿ぐりB

❷
後ろ

わ

切替え線Bから
裾を広げる

裾F

フリルつけ

10

3

1.5

16

3.5

20

衿ぐりC

衿つけ止り

前中心

❶
前

前端

3.5

6

1.5

7.5

裾F

3.5

20

15

1

フリルつけ

10

7

6

■製図

前裾フリル
74.5、76.5、78.5、81.5、84.5、86.5

ギャザー

1
スリット止り

前後裾フリル

6

前端

前後中心

1.5

26

1

20

後ろ裾フリル
68、70、72、75、78、80

■縫い方順序

衿

前衿ぐり見返し(裏)

3

（表）

前端

折る

3

2

1

5

8

10

2
12

6

（裏）

0.2

1

三つ折りに
して縫う

9

10

4

7

45

ロールカラーブラウス＆スカート

ロールカラーのブラウスとスカートのセットアップ。
上下でワンピースのように着てもいいし、
別々に着ても。エレガントな雰囲気があるので
きちんとした席にも映えます。

＊文中、図中の6つ並んだ数字は、サイズS、M、L、
　XL、2XL、3XL。1つは共通

■出来上り寸法

バスト … 124、128、132、136、140、144cm
ゆき … 73、73、73.5、73.5、74、74cm
着丈 … 67.5、68、68.5、69、69.5、70cm

■材料

布［綿麻シャンブレー］… 116cm幅260cm
　（ブラウス分）
布［綿麻シャンブレー］… 116cm幅190cm
　（スカート分）
接着芯 … 70×20cm
かぎホック … 小2組み
ゴムテープ …
　2cm幅を70、70、80、80、90、90cm

■作り方

ブラウス

1　後ろのあきを見返しで始末する（図参照）
2　衿ぐりにギャザーを寄せる（図参照）
3　肩を縫い、縫い代は2枚一緒にジグザグミシ
　　ンをかけて後ろ側に倒す
4　衿を作り、つける（図参照）
5　袖をつけ、縫い代は2枚一緒にジグザグミシ
　　ンをかけて身頃側に倒す（p.35参照）
6　袖下から脇を続けて縫い、縫い代は2枚一緒
　　にジグザグミシンをかけて後ろ側に倒す
7　袖口を三つ折りにして縫う
8　裾を三つ折りにして縫う
9　かぎホックをつける（p.53参照）

スカート

1　脇を縫い、縫い代は割る（図参照）
2　ウエストを三つ折りにして縫い、ゴムテープ
　　を通す（図参照）
3　裾を三つ折りにして縫う

■裁合せ図

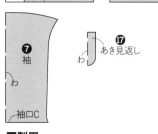

116cm幅
（4）ウエスト
前後中心わ
前スカート
後ろスカート
（各1枚）
（1）
（3）裾

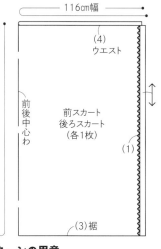

116cm幅
（1）
（1）
後ろ
わ
裾D　（3）
（1）
（1）
前
わ
（3）
（1）
袖
（2枚）
（2）
（1）
あき
見返し
わ
衿
（1枚）
（1）

■パターンの用意

＊▩は実物大パターン
＊衿、前後スカートは製図を引く

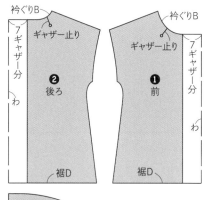

衿ぐりB
ギャザー止り
7ギャザー分
❷後ろ
わ
裾D

衿ぐりB
ギャザー止り
7ギャザー分
❶前
わ
裾D

❼袖
わ
袖口C

⑰あき見返し
わ

＊（　）の数字は図に含まれる
　縫い代分
＊▭は接着芯
＊〰〰はジグザグミシンを
　かけておく

■製図

－55、55、55、58、58、58－
87
前スカート
後ろスカート
前後中心わ

11	15
11.5	15.5
12	16
12.5	16.5
13	17
13.5	17.5

衿
後ろ中心
後ろ
前
前中心わ
18

■縫い方順序

ブラウス

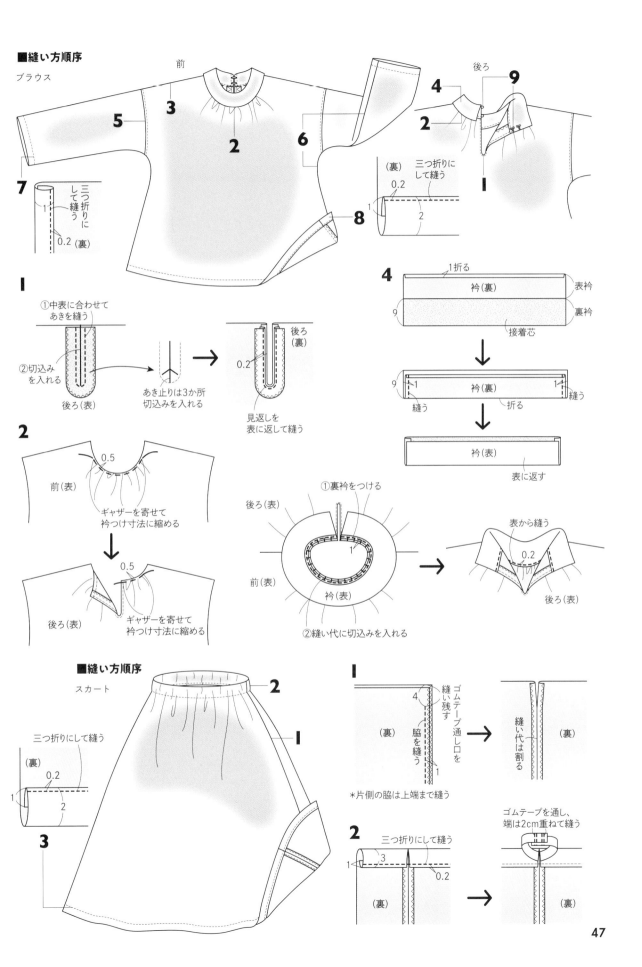

前
3
5
2
6
後ろ
4
9
2
7
8

(裏) 三つ折りにして縫う
0.2
1
2

三つ折りにして縫う
1
0.2 (裏)

I
①中表に合わせてあきを縫う
②切込みを入れる
後ろ (表)
あき止りは3か所切込みを入れる
0.2
後ろ (裏)
見返しを表に返して縫う

2
0.5
前 (表)
ギャザーを寄せて衿つけ寸法に縮める
0.5
後ろ (表)
ギャザーを寄せて衿つけ寸法に縮める

①裏衿をつける
後ろ (表)
前 (表)
衿 (表)
②縫い代に切込みを入れる
表から縫う
0.2
後ろ (表)

4
1折る
衿 (裏)
表衿
裏衿
接着芯
9

9
1
衿 (裏)
縫う
折る
1
縫う

衿 (表)
表に返す

■縫い方順序

スカート

2
I

三つ折りにして縫う
(裏)
0.2
1
2
3

I
4
ゴムテープ通し口を縫い残す
脇を縫う
(裏)
1
縫い代は割る
(裏)
*片側の脇は上端まで縫う

2
三つ折りにして縫う
1
3
0.2
(裏)
ゴムテープを通し、端は2cm重ねて縫う
(裏)

47

08 フリルカラーブラウス

photo — p.11
level — ◆◆◇

ギャザーがたっぷり寄ったフリルカラーがキュートなブラウス。
スカートを合わせたら女性らしくてかわいくなるところ、
ワイドパンツでちょっと崩したコーデもすてきでしょう?

*文中、図中の6つ並んだ数字は、サイズS、M、L、XL、
　2XL、3XL。1つは共通

■出来上り寸法

バスト … 96、100、104、108、112、116cm
ゆき … 57.5、57.5、58、58、58.5、58.5cm
着丈 … 52、52.5、53、53.5、54、54.5cm

■材料

布[綿ストライプ] … 120cm幅 160、160、
　160、160、160、190cm
ゴムテープ … 8コールを50、50、50、60、60、60cm

■作り方

1 あきを残して後ろ中心を縫い、縫い代
　は割る。あきを三つ折りにして縫う

2 肩を縫い、縫い代は2枚一緒にジグザ
　グミシンをかけて後ろ側に倒す

3 リボンを作る(p.53参照)

4 衿フリルを作って衿ぐりにつけ、衿ぐ
　りを見返しで始末する(図参照)

5 袖をつけ、縫い代は2枚一緒にジグザ
　グミシンをかけて身頃側に倒す
　(p.55参照)

6 袖下から脇を続けて縫い、縫い代は
　割る

7 袖口を三つ折りにして縫う。バイアス
　布をつけてゴムテープを通す(図参照)

8 裾を三つ折りにして縫う

■裁合せ図

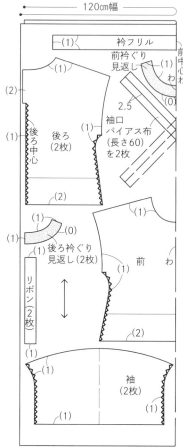

* ( )の数字は図に含まれる縫い代分
* ▨ は接着芯
* ∿∿∿ はジグザグミシンをかけておく

■パターンの用意

* ▨ は実物大パターン
* 衿フリル、リボンは製図を引く

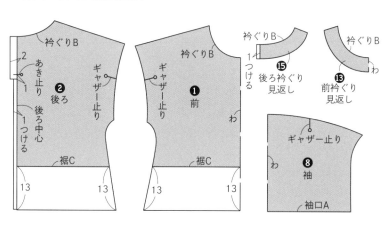

■製図

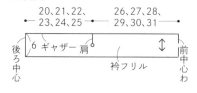

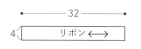

48

■縫い方順序

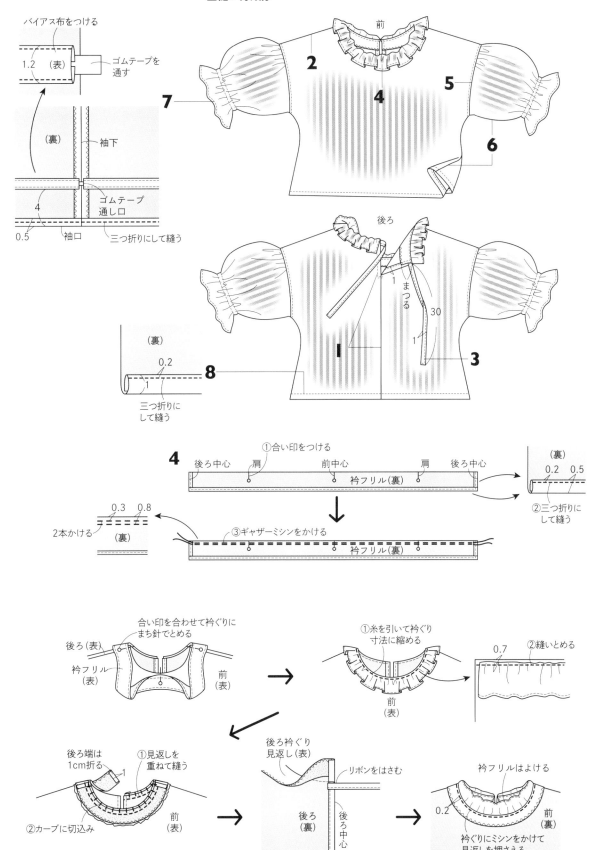

バイアス布をつける

ゴムテープを通す

1.2 （表）

（裏）　袖下

4

0.5　袖口

三つ折りにして縫う

ゴムテープ通し口

前

2

4

5

7

6

後ろ

1

まつる

30

1

1

（裏）

0.2

1

8

三つ折りにして縫う

4

①合い印をつける

後ろ中心　肩　前中心　肩　後ろ中心

衿フリル（裏）

（裏）

0.2　0.5

②三つ折りにして縫う

0.3　0.8

2本かける

（裏）

③ギャザーミシンをかける

衿フリル（裏）

合い印を合わせて衿ぐりに
まち針でとめる

後ろ（表）

衿フリル（表）

前（表）

①糸を引いて衿ぐり
寸法に縮める

前（表）

0.7

②縫いとめる

後ろ端は
1cm折る

①見返しを
重ねて縫う

②カーブに切込み

前（表）

後ろ衿ぐり
見返し（表）

リボンをはさむ

後ろ（裏）

後ろ中心

衿フリルはよける

0.2

前（裏）

衿ぐりにミシンをかけて
見返しを押さえる

49

09 ボーカラーの A ラインチュニック

photo — p.12
level — ◆◆◇

少しゆるく結ぶボーカラーと
フレア袖がチャーミングなチュニック。
裾広がりのラインと二の腕が隠れる
袖がさりげなく体型カバーになります。

＊文中、図中の 6 つ並んだ数字は、サイズ S、M、
　L、XL、2XL、3XL。1 つは共通

■出来上り寸法

バスト … 96、100、104、108、112、116cm
ゆき … 41.5、41.5、42、42、42.5、42.5cm
着丈 … 85.5、86、86.5、87、87.5、88cm

■材料

布[リネン] … 140cm 幅 200、200、220、
　220、220、220cm

■作り方

1　前中心を縫い、縫い代は割る
2　あきを三つ折りにして縫う
3　肩を縫い、縫い代は 2 枚一緒にジグザグミ
　シンをかけて後ろ側に倒す
4　衿を作る(図参照)
5　衿をつける(図参照)
6　袖をつけ、縫い代は 2 枚一緒にジグザグミ
　シンをかけて身頃側に倒す(p.35 参照)
7　袖下から脇を続けて縫い、縫い代は 2 枚一
　緒にジグザグミシンをかけて
　後ろ側に倒す
8　袖口を二つ折りにして縫う
9　裾を三つ折りにして縫う

■パターンの用意

＊　は実物大パターン
＊衿は製図を引く

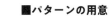

⑨袖

衿ぐりA
❷後ろ

衿ぐりA
❶前

あき止り

切替え線Bから裾を広げる

前中心

1つける

裾F　　裾F
12.5　12.5　10　10　12.5　12.5

■製図

73、73.5、74、74.5、75、75.5
9　後ろ中心わ
衿つけ止り　衿 ←→
22、22.5、23、23.5、24、24.5
50(結び分)

■縫い方順序

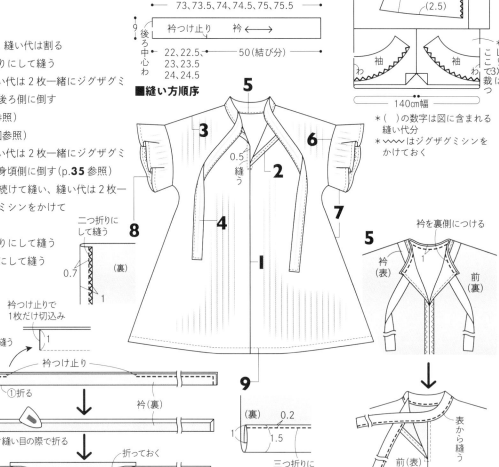

二つ折りにして縫う
0.7　1

衿つけ止りで
1枚だけ切込み
1

4
②衿つけ止りまで縫う
1　衿つけ止り
①折る　衿(裏)

縫い目の際で折る

表に返す　折っておく
1

9
(裏)　0.2
1　1.5
三つ折りにして縫う

衿を裏側につける
5
衿(表)　前(裏)

表から縫う　前(表)

■裁合せ図

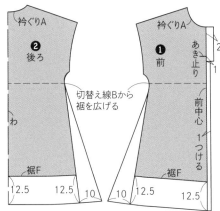

140cm幅

(1)　(1)　(1)

わ　(1)

後ろ　衿

(2.5)

(1)
S、Mの袖
(1)　(2)
(1)
前(2枚)
(1)
(2.5)

袖　袖
わ　わ

＊L～3XLはここで裁つ

140cm幅

＊( )の数字は図に含まれる
　縫い代分
＊〜〜〜はジグザグミシンを
　かけておく

16 切りっぱなし裾のノーカラージャケット

photo — p.20
level — ◆◇◇

ノーカラーのシンプルなジャケット。
一見きちんとしたジャケットのようで、
裾を切りっぱなしにしたことで
遊び心のあるおしゃれな雰囲気に。
季節の変り目に重宝します。

＊文中、図中の6つ並んだ数字は、サイズS、M、
　L、XL、2XL、3XL。1つは共通

■出来上り寸法
バスト … 96、100、104、108、112、116cm
ゆき … 73、73、73.5、73.5、74、74cm
着丈 … 75.5、76、76.5、77、77.5、78cm

■材料
布[厚手リネン] … 140cm幅170cm
接着芯 … 40×30cm

■作り方
1　ポケットを作り、つける(図参照)
2　肩を縫い、縫い代は割る
3　衿ぐりを見返しで始末する(p.35参照)
4　袖をつけ、縫い代は割る
5　袖下から脇を続けて縫い、縫い代は割る
6　袖口を三つ折りにして縫う
7　前端を三つ折りにして縫う
8　裾は裁切りのまま、2本ミシンをかける

■パターンの用意
＊▨は実物大パターン
＊衿は製図を引く

■裁合せ図

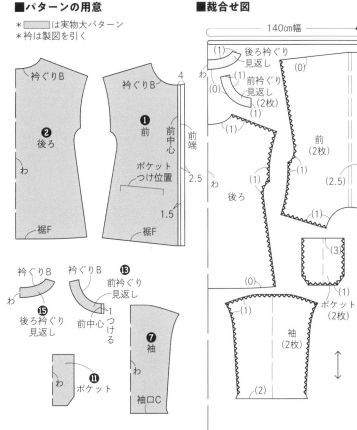

＊( )の数字は図に含まれる縫い代分
＊▨は接着芯
＊〜〜〜はジグザグミシンをかけておく

■縫い方順序

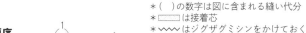

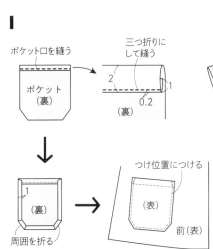

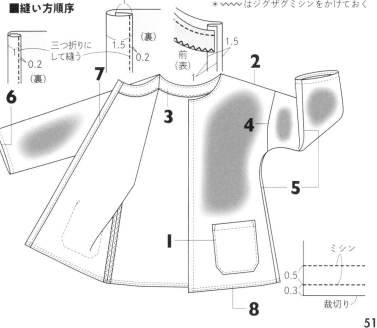

10 キャミソールワンピース

photo — p.13
level — ◆◆◇

ハイウエスト切替え＋ギャザーたっぷりスカートの
キャミソールワンピース。
肩ひもは試着して長さを決めてから縫いつけてください。

＊文中、図中の6つ並んだ数字は、サイズS、M、L、
　XL、2XL、3XL。1つは共通

■出来上り寸法

バスト … 92、96、100、104、108、112cm
着丈 … 109、109.5、110、110.5、111、111.5cm

■材料

布[スタンダードリネン] … 140cm幅120cm

■作り方

1　身頃の脇を縫う(図参照)
2　スカートの脇を縫い、縫い代は2枚一
　　緒にジグザグミシンをかけて後ろ側に
　　倒す
3　ウエストにギャザーを寄せる(図参照)
4　肩ひもを作り、つける(図参照)
5　表裏身頃を縫う(図参照)
6　身頃とスカートを縫い合わせる
　　(図参照)
7　裾を三つ折りにして縫う

■パターンの用意

＊▨▨▨▨は実物大パターン
＊前後身頃、肩ひもは製図を引く

■製図

15.5、16、16.5、17、17.5、18

前後中心わ
1　前後身頃　8
　　　　　　1.5　18.5
　　　　　　　　19
　　　　　　　　19.5
　　　　　　　　20
　　　　　　　　20.5
　　　　　　　　21
24、25、26、
27.5、29、30

35
4　肩ひも ←→

1つける
切替え線B
❶前
裾F
14ギャザー分
前後中心わ

前後
スカート
39　　39
14

■裁合せ図

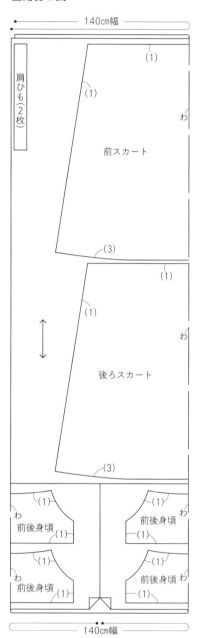

140cm幅
肩ひも(2枚)
(1)
(1)
わ
前スカート
(3)
(1)
(1)
わ
後ろスカート
(3)
(1)　(1)
わ　前後身頃　前後身頃　わ
(1)　(1)
(1)　(1)
わ　前後身頃　前後身頃　わ
(1)　(1)
140cm幅

＊( )の数字は図に含まれる縫い代分
＊〜〜〜はジグザグミシンをかけておく

■縫い方順序

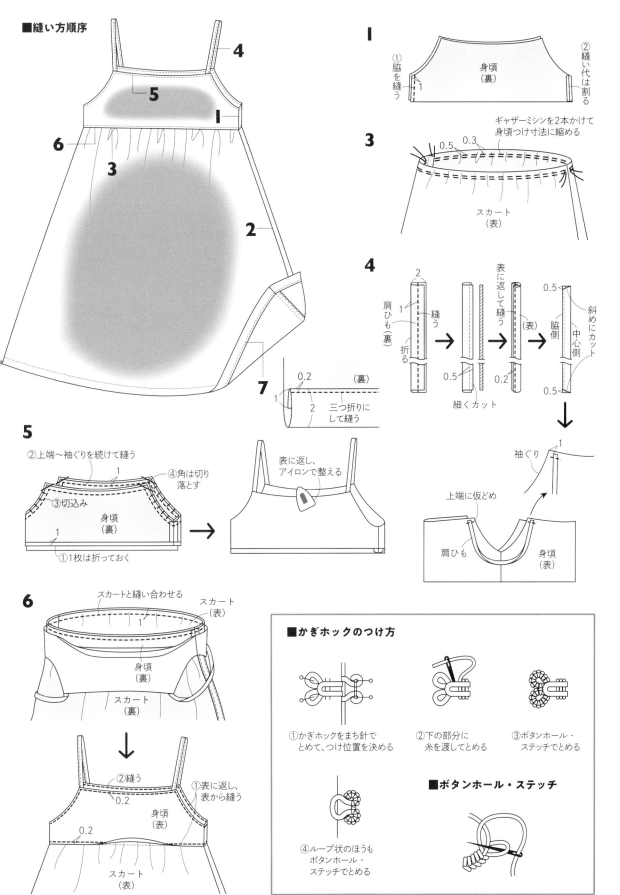

1
身頃（裏）
①脇を縫う
②縫い代は割る

3
ギャザーミシンを2本かけて
身頃つけ寸法に縮める
0.5　0.3
スカート（表）

4
肩ひも（裏）
2
1
縫う
折る
0.5
細くカット
表に返して縫う
（表）
0.5
0.2
脇側
中心側
0.5
斜めにカット
0.5

袖ぐり
1
上端に仮どめ
肩ひも
身頃（表）

7
0.2
（裏）
1
2
三つ折りにして縫う

5
②上端〜袖ぐりを続けて縫う
1
④角は切り落とす
③切込み
身頃（裏）
①1枚は折っておく
1

表に返し、アイロンで整える

6
スカートと縫い合わせる
スカート（表）
1
身頃（裏）
スカート（裏）

①表に返し、表から縫う
②縫う
0.2
身頃（表）
0.2
スカート（表）

■かぎホックのつけ方

①かぎホックをまち針でとめて、つけ位置を決める

②下の部分に糸を渡してとめる

③ボタンホール・ステッチでとめる

④ループ状のほうもボタンホール・ステッチでとめる

■ボタンホール・ステッチ

11 ティアードワンピース

photo — p.14
level — ◆◆◆

段々になったスカートでおなじみのティアードを
ワンピースにデザイン。
前あきにしたのでコートとしても着られます。
たっぷりのギャザーがきれいに寄るように
薄手の布がおすすめ。

＊文中、図中の6つ並んだ数字は、サイズS、M、L、
　XL、2XL、3XL。1つは共通

■出来上り寸法

バスト … 96、100、104、108、112、116cm
ゆき … 79.5、79.5、80、80、80.5、80.5cm
着丈 … 117、117.5、118、118.5、119、119.5cm

■材料

布［綿タイプライター］… 110cm幅480cm
ボタン … 直径1.3cmを10個
接着芯 … 30×60cm

■作り方

1 前後スカート1段めにギャザーを寄せて身頃と
　縫い合わせる(p.**61**参照)

2 前後スカート2段めにギャザーを寄せて1段め
　と縫い合わせる(p.**61**参照)

3 前端を三つ折りにして縫う(p.**41**参照。裾は縫わ
　ない)

4 肩を縫い、縫い代は2枚一緒にジグザグミシンを
　かけて後ろ側に倒す

5 衿を作り、つける(p.**41**参照)

6 袖山にギャザーを寄せ、袖をつける(図参照)

7 袖下から脇を続けて縫い、縫い代は2枚一緒にジ
　グザグミシンをかけて後ろ側に倒す

8 袖口にギャザーを寄せてカフスをつける
　(p.**67**参照)

9 裾を三つ折りにして縫う

10 ボタンホールを作り、ボタンをつける

■裁合せ図

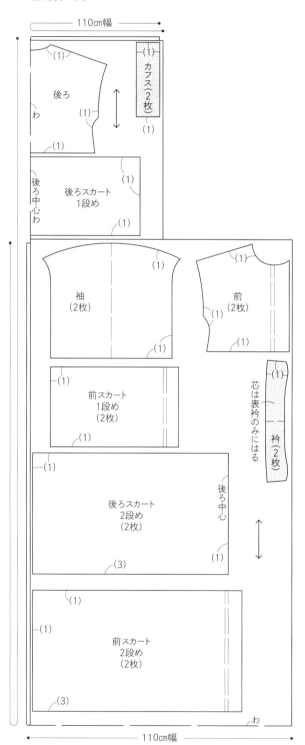

＊( )の数字は図に含まれる縫い代分
＊▭▭は接着芯

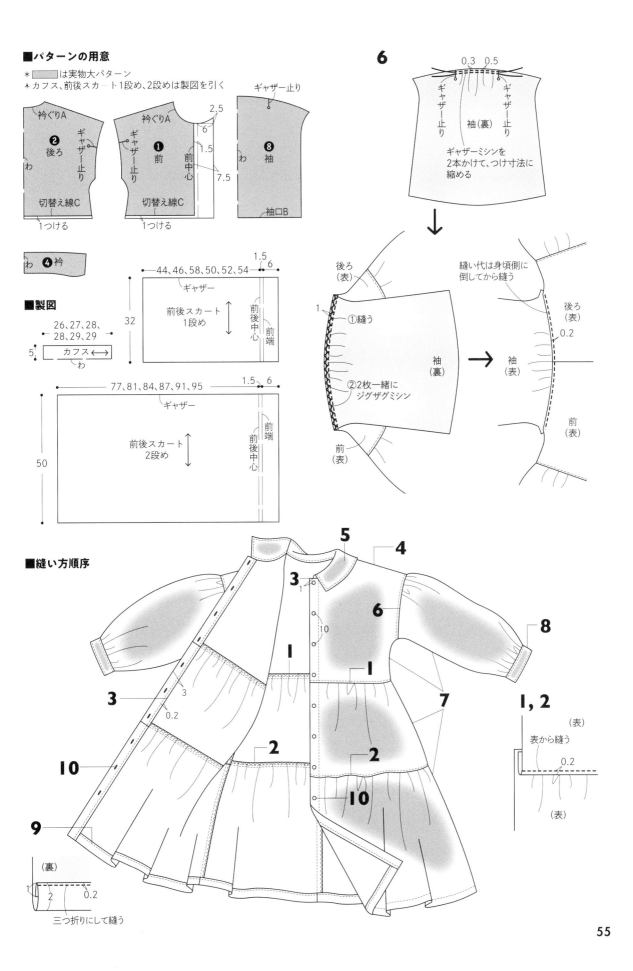

12 フードの前後差ブラウス

photo — p.15
level — ◆◆◇

フードとシャツテール、
後ろと袖口のたっぷりギャザー。
スポーティと甘さが融合した
カジュアルなブラウス。
パンツはもちろん、スカートにも相性抜群。
あえて左前の打ち合いにしました。

＊文中、図中の6つ並んだ数字は、サイズ S、M、L、
　XL、2XL、3XL。1つは共通

■出来上り寸法

バスト … 110、114、118、122、126、130cm
ゆき … 82.5、82.5、83、83、83.5、83.5cm
着丈 … 83、83.5、84、84.5、85、85.5cm

■材料

布［綿タイプライター］… 110cm 幅 300、300、
　300、320、320、320cm
ボタン … 直径 1.3cm を 4個
テープ … 0.7cm 幅 2m
ゴムテープ … 8 コールを 30cm

■作り方

1　後ろ身頃にギャザーを寄せて後ろヨークと縫い
　合わせる（p.41 参照）

2　前端を折って裾を三つ折りにして縫う
　（p.41 参照。裾のみ。前端のステッチはかけない）

3　肩を縫い、縫い代は 2 枚一緒にジグザグミシン
　をかけて後ろ側に倒す

4　フードを作り、つける（図参照）

5　袖山にギャザーを寄せる。袖をつけ、縫い代は
　2 枚一緒にジグザグミシンをかけて身頃側に倒
　す（p.55 参照）

6　袖口のあきを残して袖下から脇を続けて縫う。
　縫い代は割る

7　袖口を始末してテープを通す（図参照）

8　ボタンホールを作り、ボタンをつける

9　フードにテープ（長さ100）を通す

■パターンの用意

＊ ▨ は実物大パターン

■裁合せ図

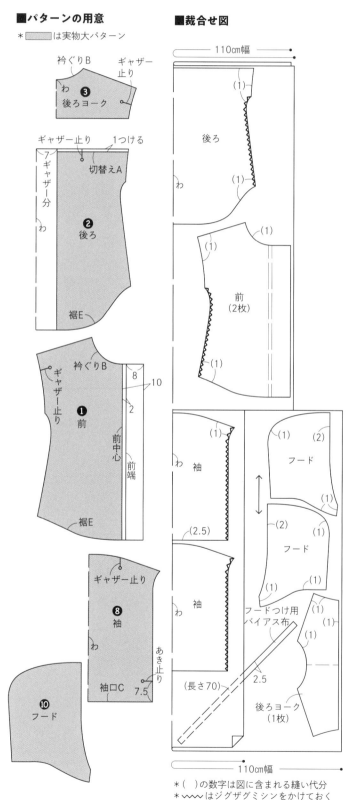

＊（　）の数字は図に含まれる縫い代分
＊〜〜〜〜はジグザグミシンをかけておく

■縫い方順序

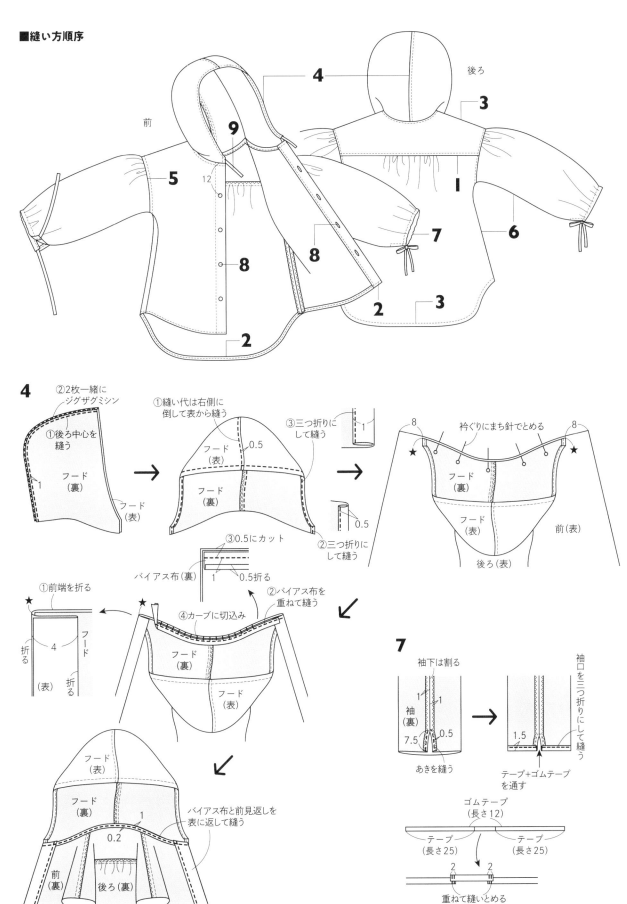

4

②2枚一緒に
ジグザグミシン
①後ろ中心を縫う
フード（裏）
フード（表）
1

①縫い代は右側に倒して表から縫う
0.5
フード（表）
フード（裏）

③三つ折りにして縫う
1

②三つ折りにして縫う
0.5

衿ぐりにまち針でとめる
8　8
★　★
フード（裏）
フード（表）
後ろ（表）　前（表）

③0.5にカット
バイアス布（裏）
1　0.5折る

①前端を折る
★
折る　フード　折る
4
（表）

★
④カーブに切込み
②バイアス布を重ねて縫う
フード（裏）
フード（表）

フード（表）
フード（裏）
1
0.2
前（裏）　後ろ（裏）

バイアス布と前見返しを表に返して縫う

7

袖下は割る
1　1
袖（裏）
7.5　0.5
あきを縫う

袖口を三つ折りにして縫う
1.5
テープ＋ゴムテープを通す

ゴムテープ（長さ12）
テープ（長さ25）　テープ（長さ25）
2　2
重ねて縫いとめる

前
後ろ
9
12
5
8
8
2
2

後ろ
3
1
7
6
2
3
4

57

13 フリルカラーのギャザーブラウス

photo — p.16
level — ◆◆◇

衿と袖口にギャザーをたっぷり寄せた
フェミニンなブラウス。
衿の外回りは切りっぱなし。
裾のブラウジング加減は好みで
調節してください。

＊文中、図中の6つ並んだ数字は、サイズ S、M、L、
　XL、2XL、3XL。1つは共通

■出来上り寸法

バスト … 116、120、124、128、132、136cm
ゆき … 82.5、82.5、83、83、83.5、83.5cm
着丈 … 67.5、68、68.5、69、69.5、70cm

■材料

布［綿シーチング］… 116cm幅 310cm
リボン … 0.5cm幅 160cm（衿ぐり、裾分）
ゴムテープ … 8コールを衿ぐり分は 45cm、
　裾分は 50cm、袖口分は 50、50、50、55、
　55、55cm

■作り方

1　あきを残して前中心を縫い、縫い代は割る。
　あきを三つ折りにして縫う（図参照）

2　肩を縫い、縫い代は2枚一緒にジグザグミシ
　ンをかけて後ろ側に倒す

3　衿を作ってつけ、衿ぐりをバイアス布で始末
　する（図参照）

4　袖山にギャザーを寄せる。袖をつけ、縫い代
　は2枚一緒にジグザグミシンをかけて身頃
　側に倒す（p.55参照）

5　スリット（左）を残して袖下から脇を続けて
　縫う。縫い代は割る

6　袖にバイアス布をつける（図参照）

7　袖口を三つ折りにして縫う

8　裾を三つ折りにして縫う

9　衿ぐりと裾にリボン＋ゴムテープを通す

■パターンの用意

＊□は実物大パターン
＊衿は製図を引く

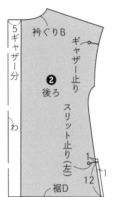

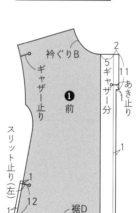

■裁合せ図

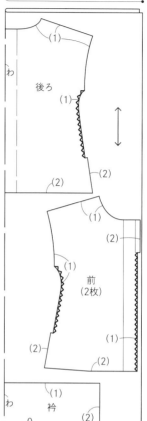

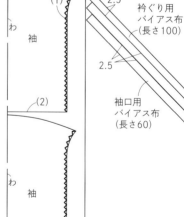

■製図

＊（　）の数字は図に含まれる縫い代分
＊〜〜〜はジグザグミシンをかけておく

■縫い方順序

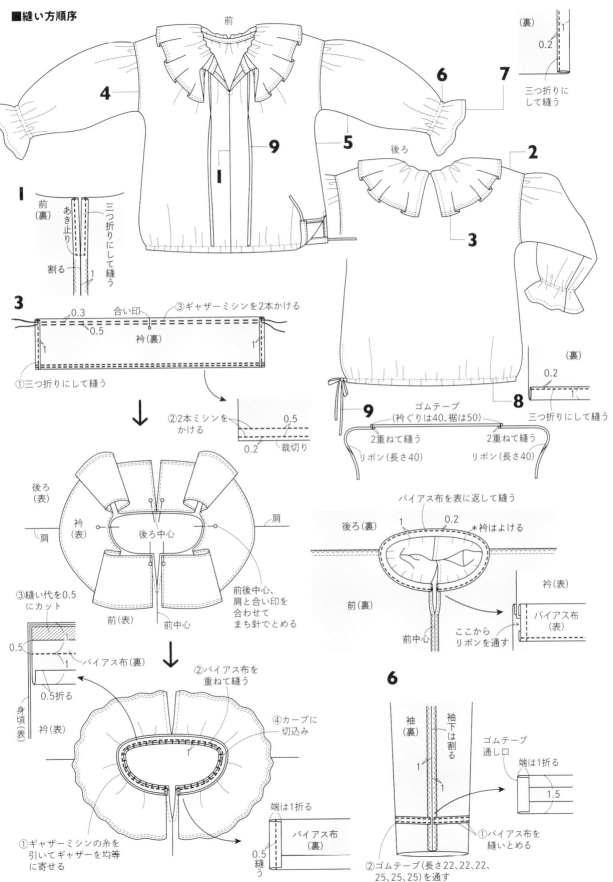

1
前（裏）
あき止り
割る
三つ折りにして縫う
1

3
0.3
0.5
合い印
③ギャザーミシンを2本かける
衿（裏）
1
1
①三つ折りにして縫う
②2本ミシンをかける
0.5
0.2
裁切り

後ろ（表）
衿（表）
肩
肩
衿（表）
後ろ中心
前（表）
前中心
前後中心、肩と合い印を合わせてまち針でとめる

③縫い代を0.5にカット
0.5
1
バイアス布（裏）
0.5折る
身頃（表）
衿（表）

②バイアス布を重ねて縫う
④カーブに切込み
①ギャザーミシンの糸を引いてギャザーを均等に寄せる
端は1折る
バイアス布（裏）
0.5縫う

（裏）
1
0.2
三つ折りにして縫う

9
ゴムテープ（衿ぐりは40、裾は50）
2重ねて縫う
2重ねて縫う
リボン（長さ40）
リボン（長さ40）

（裏）
0.2
1
三つ折りにして縫う

バイアス布を表に返して縫う
後ろ（裏）
1
0.2
＊衿はよける
前（裏）
前中心
衿（表）
バイアス布（表）
ここからリボンを通す

6
袖（裏）
袖下は割る
1
ゴムテープ通し口
端は1折る
1.5
①バイアス布を縫いとめる
②ゴムテープ（長さ22、22、22、25、25、25）を通す

ティアードチュニック

photo — p.17
level — ◆◆◆

胸もとから3段に切り替えたティアードチュニック。
ギャザー分がたっぷりだから身幅はゆったり。
キュートな上、気になるおなかや
ヒップ回りが隠せて
体型カバーにもなります。

＊文中、図中の6つ並んだ数字は、サイズS、M、L、
　XL、2XL、3XL。1つは共通

■出来上り寸法

バスト … 118、122、126、130、134、138cm
ゆき … 68、68、68.5、68.5、69、69cm
着丈 … 77、77.5、78、78.5、79、79.5cm

■材料

布［綿タイプライター］… 110cm幅320cm
接着芯 … 40 × 30cm
かぎホック … 小1組み

■作り方

1 前上段フリルの前中心を縫い、縫い代は割る。
下段フリルも同様に縫う（図参照）

2 前上段フリルにギャザーを寄せて前身頃と縫
い合わせる（図参照）

3 前ヨークと前身頃も **2** と同様に縫う

4 上段フリルと下段フリルも **2** と同様に縫う。
後ろも **1**〜**4** と同様に縫う

5 あきを残して後ろヨークの中心を縫い、縫い
代は割る。あきは三つ折りにして縫う

6 肩を縫い、縫い代は2枚一緒にジグザグミシ
ンをかけて後ろ側に倒す

7 衿ぐりを見返しで始末する

8 袖をつけ、縫い代は2枚一緒にジグザグミシ
ンをかけて身頃側に倒す（p.**35** 参照）

9 袖下から脇を続けて縫い、縫い代は2枚一緒
にジグザグミシンをかけて後ろ側に倒す

10 袖口を三つ折りにして縫う

11 裾を三つ折りにして縫う

12 かぎホックをつける（p.**53** 参照）

■裁合せ図

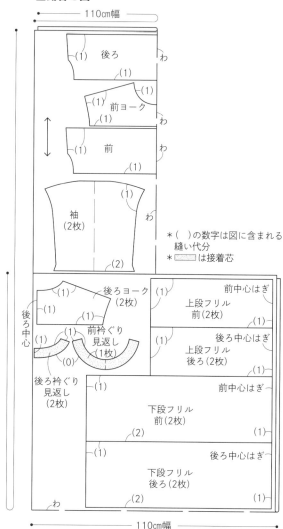

＊（　）の数字は図に含まれる
　縫い代分
＊□□□は接着芯

■パターンの用意

＊□□□は実物大パターン
＊前後上段フリル、前後下段フリルは
　製図を引く

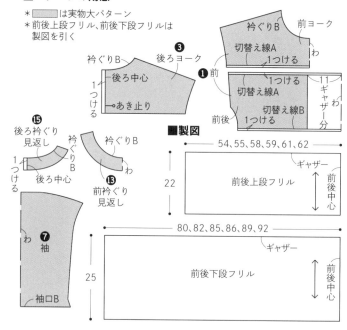

■製図

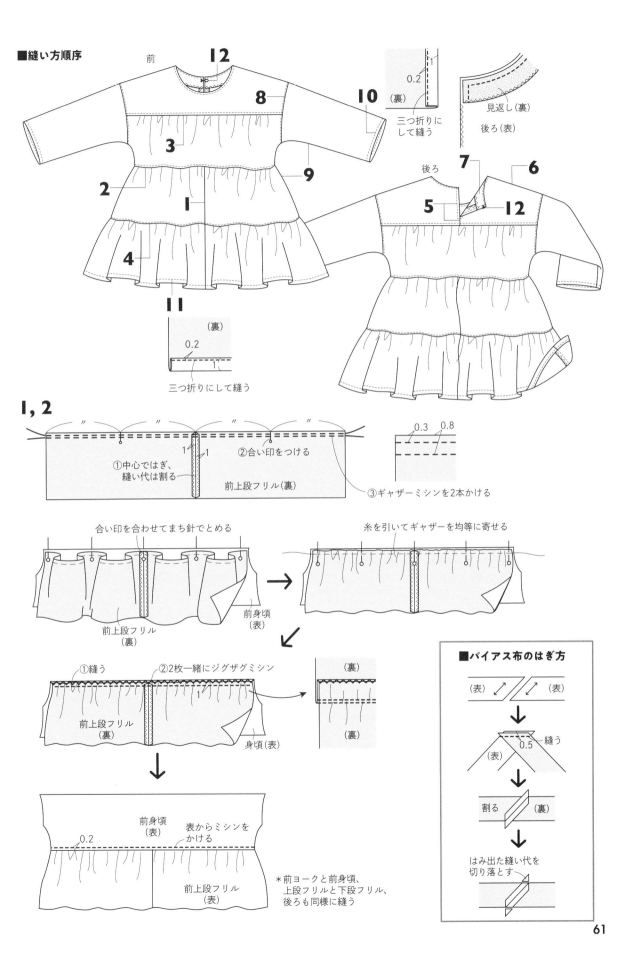

■縫い方順序

前

12

8

10

3

9

2

1

4

0.2

(裏)

三つ折りにして縫う

見返し(裏)

後ろ(表)

後ろ

7

6

5

12

11

(裏)

0.2

1

三つ折りにして縫う

1, 2

①中心ではぎ、
縫い代は割る

②合い印をつける

前上段フリル(裏)

1　1

0.3　0.8

③ギャザーミシンを2本かける

合い印を合わせてまち針でとめる

糸を引いてギャザーを均等に寄せる

前上段フリル
(裏)

前身頃
(表)

①縫う

②2枚一緒にジグザグミシン

(裏)

前上段フリル
(裏)

1

身頃(表)

(裏)

(裏)

前身頃
(表)

表からミシンを
かける

0.2

前上段フリル
(表)

*前ヨークと前身頃、
　上段フリルと下段フリル、
　後ろも同様に縫う

■バイアス布のはぎ方

(表)　　(表)

縫う

(表)　0.5

割る　　(裏)

はみ出た縫い代を
切り落とす

15 バンドカラーのシャツワンピース

photo — p.18
level — ◆◆◆

ボタンをとめてワンピースとしても
着られるし、前をあければコートと
しても着られる2weyシャツワンピース。
あえて左前の打ち合いにしました。

*文中、図中の6つ並んだ数字は、サイズS、M、L、
 XL、2XL、3XL。1つは共通

■出来上り寸法

バスト … 110、114、118、122、126、130cm
ゆき … 82.5、82.5、83、83、83.5、83.5cm
着丈 … 111.5、112、112.5、113、113.5、
        114cm

■材料

布[カンフーリネン] … 110cm幅330cm
ボタン … 直径1.3cmを12個
接着芯 … 10×60cm

■作り方

1 後ろにギャザーを寄せて後ろヨークと縫い合
   わせる(p.41参照)

2 前端を三つ折りにして縫う(p.41参照)

3 肩を縫い、縫い代は2枚一緒にジグザグミシ
   ンをかけて後ろ側に倒す

4 衿を作り、つける(p.39参照)

5 袖山にギャザーを寄せる。袖をつけ、縫い代
   は2枚一緒にジグザグミシンをかけて身頃
   側に倒す(p.35参照)

6 袖のあき、ポケット口、スリットを残して袖
   下から脇を続けて縫う(p.35参照)

7 スリットを三つ折りにして縫う(p.64参照)

8 袋布をつける(p.35参照)

9 袖口にギャザーを寄せてカフスをつける
   (図参照)

10 裾を三つ折りにして縫う

11 ボタンホールを作り、ボタンをつける

■パターンの用意

＊[灰色]は実物大パターン
＊カフスは製図を引く

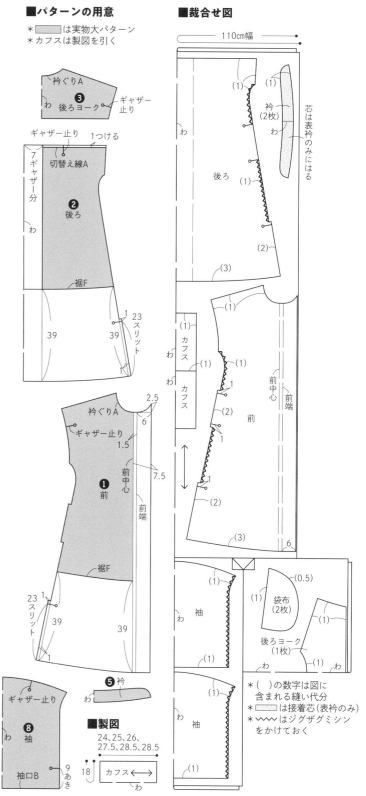

衿ぐりA
❸ 後ろヨーク
ギャザー止り

ギャザー止り
1つける
切替え線A
7 ギャザー分
❷ 後ろ
わ
裾F
39 39
23 スリット

衿ぐりA
2.5
ギャザー止り
6
1.5
前中心
7.5
❶ 前
前端
裾F
23 スリット
1 39 39 1

❺ 衿
わ

■製図

24、25、26、
27.5、28.5、28.5

カフス←→
わ

⑫ 袋布

ギャザー止り
わ
❽ 袖
9 あき
18
袖口B

■裁合せ図

110cm幅

(1) (1)
衿(2枚)
わ
後ろ
芯は表衿のみにはる
(1)
(2)
(3)

(1)
カフス
わ
(1)
カフス
(1) (1)
(2)
1
前
前中心
前端
(2)
(3)
6

(1)
(0.5)
袋布(2枚)
(1)
(1)
袖
わ
(1)
後ろヨーク(1枚)
わ
(1)
(1)
袖
わ
(1)

＊( )の数字は図に
 含まれる縫い代分
＊[灰色]は接着芯(表衿のみ)
＊〜〜〜はジグザグミシン
 をかけておく

62

■縫い方順序

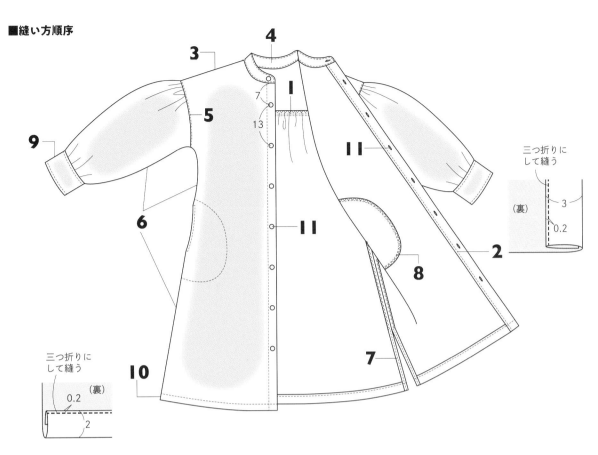

3
4
5
9
I
7
13
II
6
II
8
2
7
10

三つ折りにして縫う
（裏）
3
0.2

三つ折りにして縫う
0.2
（裏）
2

9

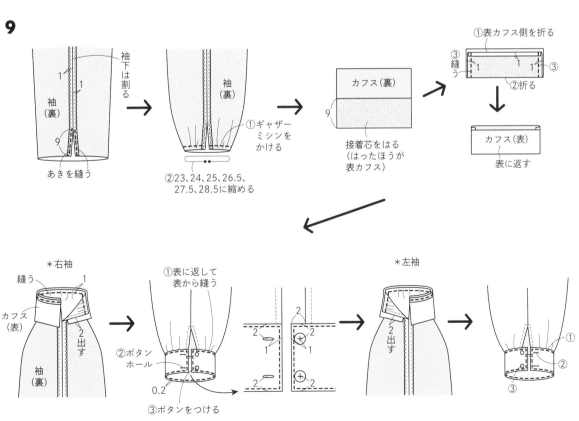

袖
（裏）
1
1
1
袖下は割る
9
あきを縫う

袖
（裏）
1
1
①ギャザーミシンをかける
②23、24、25、26.5、27.5、28.5に縮める

カフス（裏）
9
接着芯をはる
（はったほうが表カフス）

①表カフス側を折る
③縫う
1
1
1
③
②折る

カフス（表）
表に返す

＊右袖
縫う
1
カフス（表）
2出す
袖（裏）
①表に返して表から縫う
②ボタンホール
0.2
③ボタンをつける

2
1
2
1
2
2

＊左袖
2出す

①
②
③

63

17 Vネックのプレーンワンピース

photo — p.21
level — ◆◇◇

Vネックのプレーンなワンピース。
これだけでおしゃれに決まるからワンピースは
一枚あると便利です。後ろもVネックで
ほどよい深さのスリットがアクセント。

＊文中、図中の6つ並んだ数字は、サイズ S、M、L、
XL、2XL、3XL。1つは共通

■出来上り寸法

バスト … 96、100、104、108、112、116cm
ゆき … 31.5、31.5、32、32、32.5、32.5cm
着丈 … 116.5、117、117.5、118、118.5、
119cm

■材料

布［カラーリネン］… 150cm 幅 190cm
接着芯 … 40 × 40cm

■作り方

1 スリットを残して後ろ中心を縫い、縫い代は
割る（図参照）

2 スリットを三つ折りにして縫う（図参照）

3 肩を縫い、縫い代は2枚一緒にジグザグミシ
ンをかけて後ろ側に倒す

4 衿ぐりを見返しで始末する（p.35 参照）

5 袖をつけ、縫い代は2枚一緒にジグザグミシ
ンをかけて身頃側に倒す（p.35 参照）

6 ポケット口を残して袖下から脇を続けて縫う
（p.35 参照）

7 袋布をつける（p.35 参照）

8 袖口を三つ折りにして縫う

9 裾を三つ折りにして縫う

■パターンの用意

＊ ▨ は実物大パターン

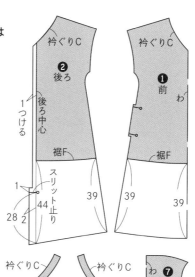

■裁合せ図

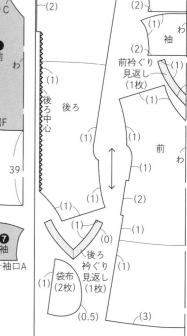

＊（ ）の数字は図に含まれる縫い代分
＊ ▨ は接着芯
＊ 〰 はジグザグミシンをかけておく

■縫い方順序

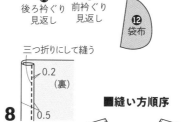

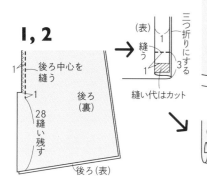

22 フリルつき袖のスモックブラウス

photo — p.26
level — ◆◆◆

袖つけの切替え位置に小さなフリルを
はさんだスモックブラウス。
衿ぐりと袖口をリボンでキュッと
絞って着ます。
ギャザーを寄せたときに
きれいな落ち感が出る柔らかい布で。

*文中、図中の6つ並んだ数字は、サイズ S、M、L、
　XL、2XL、3XL。1つは共通

■出来上り寸法

バスト … 136、140、144、148、152、156cm
ゆき … 82.5、82.5、83、83、83.5、83.5cm
着丈 … 67.5、68、68.5、69、69.5、70cm

■材料

布［綿ローンプリント］… 110cm幅 260、260、
　260、320、320、320cm
リボン … 0.5cm幅を衿ぐり分は120cm、
　袖口分は60cmを2本

■作り方

1 あきを残して前中心を縫い、縫い代は
　割る
2 あきを二つ折りにして縫う
3 肩を縫い、縫い代は2枚一緒にジグザ
　グミシンをかけて後ろ側に倒す
4 衿ぐりをバイアス布で始末する
5 袖フリルを作り、袖につける（図参照）
6 袖山にギャザーを寄せる。袖をつけ、
　縫い代は2枚一緒にジグザグミシン
　をかけて身頃側に倒す（p.55参照）
7 袖口のあきを残して袖下から脇を続け
　て縫い、縫い代は割る。あきを二つ折
　りにして縫う
8 袖口を三つ折りにして縫う
9 裾を三つ折りにして縫う
10 衿ぐりと袖口にリボンを通す

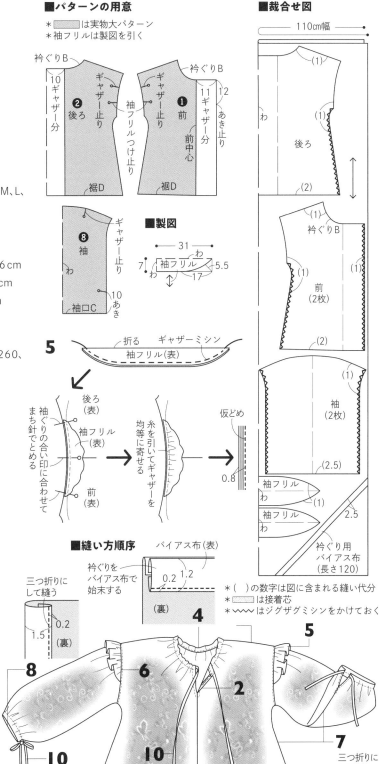

■パターンの用意
＊ は実物大パターン
＊袖フリルは製図を引く

■製図

■縫い方順序

■裁合せ図

＊（ ）の数字は図に含まれる縫い代分
＊ は接着芯
＊ はジグザグミシンをかけておく

65

18 ボーカラーの前後差ブラウス

photo — p.22
level — ◆◆◇

V ネックにボーカラーをつけたほどよい
甘さのブラウス。
前後で着丈が違います。
ボーカラーはリボン結びにしたり、
後ろに回して結んだり。
いろいろアレンジして楽しんでください。

＊文中、図中の 6 つ並んだ数字は、サイズ S、M、L、
　XL、2XL、3XL。1 つは共通

■出来上り寸法
バスト … 106、110、114、118、122、126cm
ゆき … 79.5、79.5、80、80、80.5、80.5cm
着丈 … 72.5、73、73.5、74、74.5、75cm

■材料
布［綿ドットプリント］… 110cm 幅 260cm

■作り方
1 　前衿ぐりをバイアス布で始末する
　　（図参照）
2 　後ろ衿ぐりにギャザーを寄せる
3 　肩を縫い、縫い代は 2 枚一緒にジグ
　　ザグミシンをかけて後ろ側に倒す
4 　衿を作り、つける（p.50 参照）
5 　袖山にギャザーを寄せる。袖をつけ、
　　縫い代は 2 枚一緒にジグザグミシ
　　ンをかけて身頃側に倒す
　　（p.35 参照）
6 　スリットを残して袖下から脇を続け
　　て縫う。縫い代は割る
7 　スリットを三つ折りにして縫う
8 　袖口にギャザーを寄せて、カフスを
　　つける（図参照）
9 　裾を三つ折りにして縫う

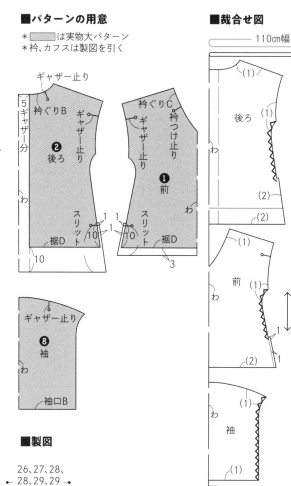

■パターンの用意
＊ は実物大パターン
＊衿、カフスは製図を引く

ギャザー止り
衿ぐりB
ギャザー止り
5 ギャザー分
わ
❷ 後ろ
ギャザー止り
わ
スリット
1 10
裾D
10

ギャザー止り
衿ぐりC
衿つけ止り
ギャザー止り
❶ 前
わ
1 1
10 1
スリット
裾D
3

ギャザー止り
❽ 袖
わ
袖口B

■製図

26、27、28、
28、29、29
10 カフス←→

77、78、79、80、81、82
10 衿つけ止り　　衿 ←→
後ろ中心わ
56（結び分）
21、22、23、
24、25、26

■裁合せ図
110cm幅
(1)
後ろ
わ
(1)
(2)
(2)

(1)
前
わ
(1)
(2)
1

(1)
わ
袖

(1)
わ
袖

衿ぐり用
バイアス布
（長さ30）
2.5

衿（1枚）
わ

(1)
カフス
(1)
カフス

＊（ ）の数字は図に含まれる縫い代分
＊〰〰はジグザグミシンをかけておく

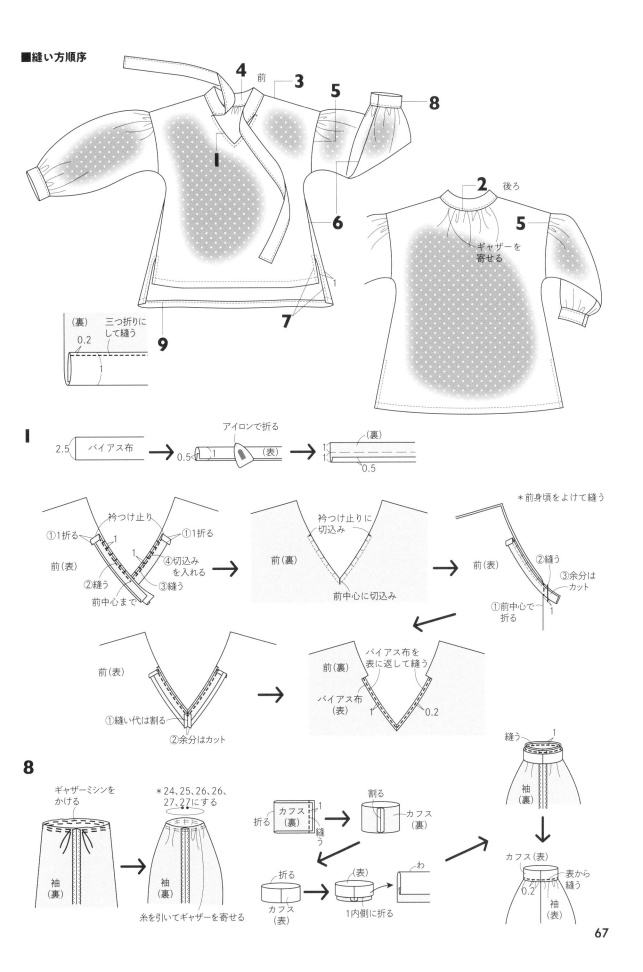

19 チャイニーズ風ブラウス

photo — p.23
level — ◆◆◇

スタンドカラーのシンプルなブラウスは、
結びのボタンをつけただけでチャイニーズ風に。
ボタンは市販もされていますが、ここでは手作り。
かわいさが断然アップします。

＊文中、図中の6つ並んだ数字は、サイズ S、M、
　L、XL、2XL、3XL。1つは共通

■出来上り寸法

バスト … 96、100、104、108、112、116cm
ゆき … 48、48、48.5、48.5、49、49cm
着丈 … 59、59.5、60、60.5、61、61.5cm

■材料

布［チノクロス］… 118cm幅 170cm
接着芯 … 30 × 70cm

■作り方

1 前端の見返しを縫う（図参照）

2 肩を縫い、縫い代は2枚一緒にジグザグミ
シンをかけて後ろ側に倒す

3 衿を作り、つける（p.39参照）

4 袖をつけ、縫い代は2枚一緒にジグザグミ
シンをかけて身頃側に倒す（p.35参照）

5 スリットを残して袖下から脇を続けて縫
う。縫い代は割る

6 スリットを三つ折りにして縫う
（p.64参照）

7 袖口を三つ折りにして縫う

8 裾を三つ折りにして縫う

9 バイアス布でループと結びを作り、つける
（図参照）

■裁合せ図

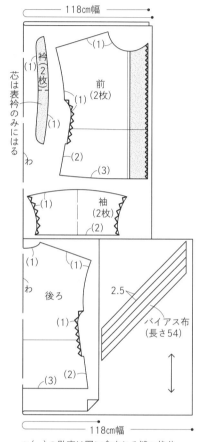

■パターンの用意

＊□□□ は実物大パターン

＊（　）の数字は図に含まれる縫い代分
＊□□□ は接着芯
＊〰〰 はジグザグミシンをかけておく

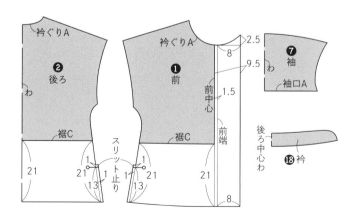

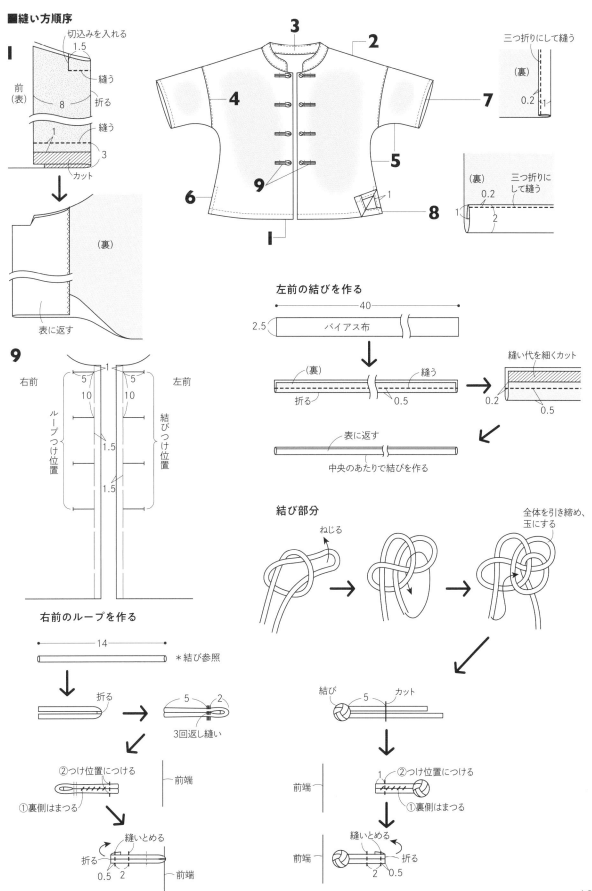

■縫い方順序

I 切込みを入れる
1.5
縫う
前
（表）
折る
8
縫う
1
3
カット

（裏）
表に返す

3
2
4
7
5
9
6
8 1

三つ折りにして縫う
（裏）
0.2 1

（裏）
0.2
三つ折りに
して縫う
1
2

9
右前　　　　　左前
1
5　　　　5
10　　　　10
ループつけ位置
結びつけ位置
1.5
1.5

左前の結びを作る
40
2.5　バイアス布

（裏）　　　　縫う
折る　　　　0.5

縫い代を細くカット
0.2　　0.5

表に返す
中央のあたりで結びを作る

結び部分
ねじる
全体を引き締め、
玉にする

右前のループを作る
14
＊結び参照

折る

5　2
3回返し縫い

②つけ位置につける
①裏側はまつる
前端

縫いとめる
折る
0.5　2
前端

結び　5　カット

1
②つけ位置につける
前端
①裏側はまつる

縫いとめる
前端
折る
2　0.5

カシュクールワンピース

photo ― p.21
level ― ◆◇◇

胸もとが和服の着物のような打合せを
カシュクールと言います。
ひもを結んでワンピース風にしたり、
結ばずにコートのように着たり、
いろいろな着方を楽しんで。

*文中、図中の6つ並んだ数字は、サイズ
　S、M、L、XL、2XL、3XL。1つは共通

■出来上り寸法

バスト … 96、100、104、108、112、
　　　　116cm
ゆき … 68、68、68.5、68.5、69、69cm
着丈 … 115.5、116、116.5、117、
　　　　117.5、118cm

■材料

布[綿シャンブレー] … 112cm幅400cm
接着芯 … 40 × 20cm

■作り方

1 ポケットを作り、つける(p.**51**参照)

2 後ろスカートにギャザーを寄せて身頃
　と縫い合わせる(p.**41**参照)

3 前衿ぐりを三つ折りにして縫う
　(図参照)

4 後ろ衿ぐり見返しをつける(図参照)

5 肩を縫い、縫い代は2枚一緒にジグザ
　グミシンをかけて後ろ側に倒す
　(図参照)

6 袖をつけ、縫い代は2枚一緒にジグザ
　グミシンをかけて身頃側に倒す
　(p.**35**参照)

7 ひもを作る

8 ひもをはさみ(左脇のみ)、袖下から脇
　を続けて縫う。縫い代は2枚一緒にジ
　グザグミシンをかけて後ろ側に倒す

9 袖口を三つ折りにして縫う

10 裾を三つ折りにして縫う

11 ひもをはさんで前端を三つ折りにして
　縫う(p.**76**参照)

12 残りのひもをつける

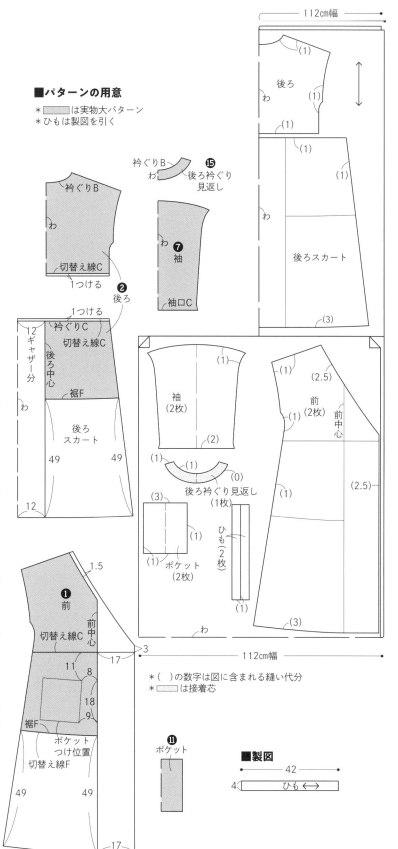

■縫い方順序

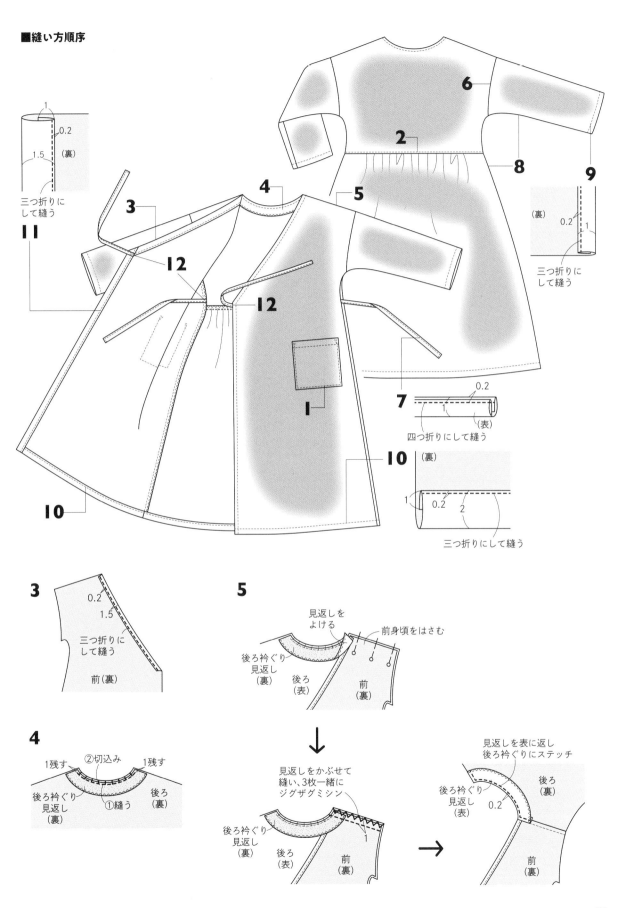

11
1
0.2
1.5
(裏)
三つ折りにして縫う

3

6

2

4

5

8

9
(裏)
0.2
1
三つ折りにして縫う

12

12

1

7
0.2
1
(表)
四つ折りにして縫う

10
(裏)
1
0.2
2
三つ折りにして縫う

10

3
0.2
1.5
三つ折りにして縫う
前(裏)

5
見返しをよける
後ろ衿ぐり
見返し
(裏)
後ろ
(表)
前身頃をはさむ
前
(裏)

↓

見返しをかぶせて
縫い、3枚一緒に
ジグザグミシン
後ろ衿ぐり
見返し
(裏)
後ろ
(表)
前
(裏)
1

見返しを表に返し
後ろ衿ぐりにステッチ
後ろ衿ぐり
見返し
(表)
0.2
後ろ
(裏)
前
(裏)

→

4
1残す
②切込み
1残す
後ろ衿ぐり
見返し
(裏)
①縫う
後ろ
(裏)

21 リボン結びのコートドレス

photo ── p.25
level ── ◆◆◇

ひもを結んでできる、3つのリボンが
キュートなコートドレス。
後ろ中心にプリーツがあるので
ゆったりした着心地です。

*文中、図中の6つ並んだ数字は、サイズ S、M、L、
　XL、2XL、3XL。1つは共通

■出来上り寸法

バスト … 110、114、118、122、126、130cm
ゆき … 83.5、83.5、84、84、84.5、84.5cm
着丈 … 107.5、108、108.5、109、109.5、
　　　110cm

■材料

布[カラーリネン] … 150cm幅 270cm
スナップ … 直径1cmを2組み
接着芯 … 30×40cm

■作り方

1　前端を三つ折りにして裾の角を縫う
　　(p.41参照)
2　後ろ中心のプリーツを縫う(図参照)
3　肩を縫い、縫い代は2枚一緒にジグザグミシ
　　ンをかけて後ろ側に倒す
4　衿ぐりをバイアス布でくるむ
5　袖山にギャザーを寄せる。袖をつけ、縫い代
　　は2枚一緒にジグザグミシンをかけて身頃
　　側に倒す(p.55参照)
6　袖のあき、ポケット口、スリットを残して袖
　　下から脇を続けて縫う。縫い代は割る
7　スリットを三つ折りにして縫う
8　袋布をつける(p.35参照)
9　袖のあきを縫い、袖口にギャザーを寄せてカ
　　フスをつけ、スナップをつける(図参照)
10　裾を三つ折りにして縫う
11　ひもを作り(p.53参照)、つける

■パターンの用意

* ▨ は実物大パターン
* カフス、ひもは製図を引く

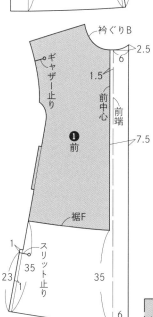

■裁合せ図

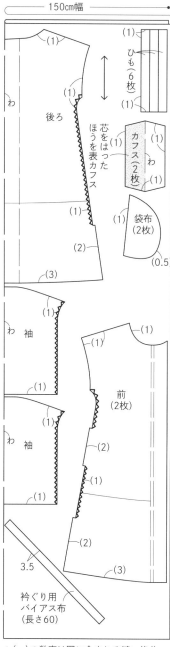

*( )の数字は図に含まれる縫い代分
*▭ は接着芯
*〜〜〜はジグザグミシンをかけておく

■製図

26、27、28、
29、30、31

72

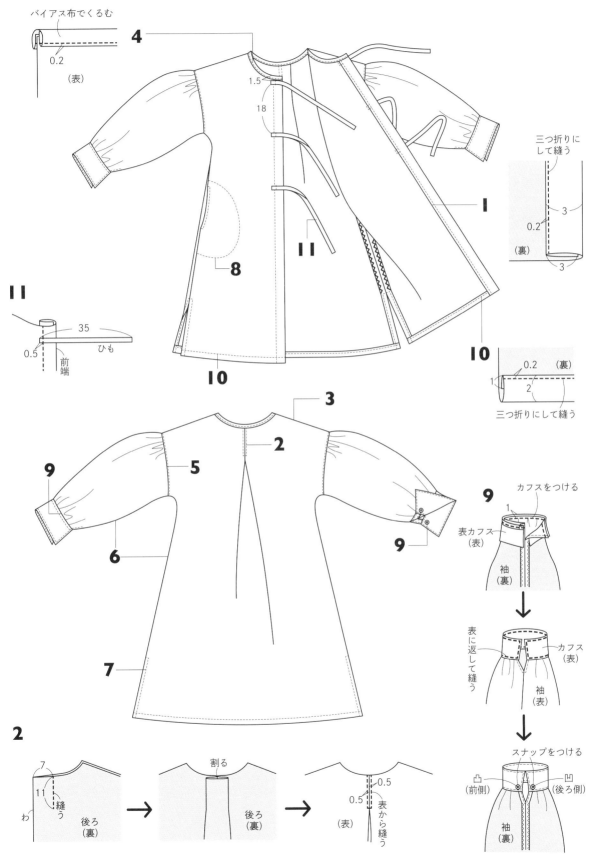

バイアス布でくるむ
0.2
（表）
4

1.5
18

三つ折りにして縫う
3
0.2
3
（裏）

I

8

II

II
35
0.5
前端
ひも

10

10
0.2 （裏）
1
2
三つ折りにして縫う

3
2
5
9
9
6
9

カフスをつける
1
表カフス（表）
袖（裏）

表に返して縫う
カフス（表）
袖（表）

スナップをつける
凸（前側）
凹（後ろ側）
袖（裏）

7

2

7
11
縫う
わ
後ろ（裏）

割る
後ろ（裏）

0.5
0.5
（表）
表から縫う

23 アームスリットのブラウス

photo — p.27
level — ◆◆◇

袖のスリットがキュートなブラウス。
スリットは袖つけを縫い残すだけで
できるので簡単です。

＊文中、図中の6つ並んだ数字は、サイズ S、M、L、
　XL、2XL、3XL。1つは共通

■出来上り寸法

バスト … 135、140、144、148、152、156cm
ゆき … 82.5、82.5、83、83、83.5、83.5cm
着丈 … 67.5、68、68.5、69、69.5、70cm

■材料

布［ギンガムチェック］… 112cm幅 260、260、
　260、320、320、320cm
ゴムテープ … 8コールを衿ぐり分は55cm、
　袖スリット分は30cm、
　袖口分は 50、50、50、60、60、60cm

■作り方

1　肩を縫い、縫い代は2枚一緒にジグザグミシ
　ンをかけて後ろ側に倒す
2　衿ぐりをバイアス布で始末してゴムテープを
　通す
3　袖をつけ、袖スリットの始末をする（図参照）
4　袖下から脇を続けて縫い、縫い代は2枚一緒
　にジグザグミシンをかけて後ろ側に倒す
5　袖口を三つ折りにして縫い、ゴムテープを通す
6　裾を三つ折りにして縫う
7　バイアス布でひもを作り（p.69参照）、つけ
　る（図参照）

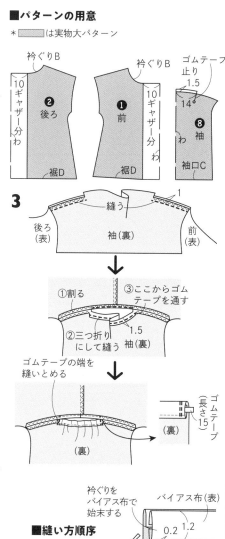

■パターンの用意

＊ ▨ は実物大パターン

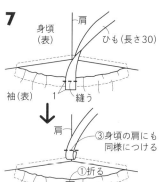

■縫い方順序

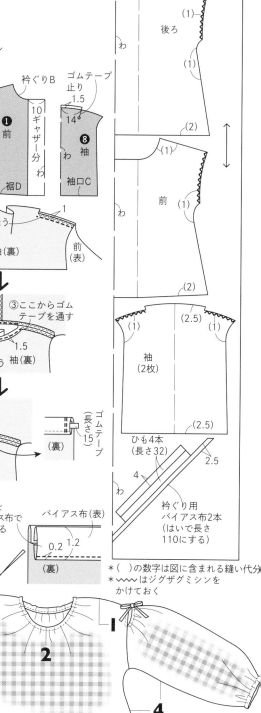

＊（　）の数字は図に含まれる縫い代分
＊〰〰はジグザグミシンを
　かけておく

74

24 ロールカラーのワンピース

photo — p.28
level — ◆◆◇

p.10 のロールカラーブラウスと同型で
着丈を長くしてワンピースにしたのがこちら。
ウエストと袖口はゴムテープを
縫いとめただけなので簡単です。

＊文中、図中の 6 つ並んだ数字は、サイズ S、M、L、
　XL、2XL、3XL。1 つは共通

■出来上り寸法
バスト … 124、128、132、136、140、144cm
ゆき … 82.5、82.5、83、83、83.5、83.5cm
着丈 … 110.5、111、111.5、112、112.5、
　　　 113cm

■材料
布[レーヨンプリント] … 138cm 幅 350cm
接着芯 … 70 × 20cm
かぎホック … 小 2 組み
ゴムテープ … 8 コールをウエスト分は 70、80、
　　85、90、95、100cm、袖口分は 23、24、25、
　　26、27、28cm を 2 本

■作り方
1 ～ 4 は p.47 の 1～4 参照
5　袖にゴムテープをつける（図参照）
6　袖山にギャザーを寄せる。袖を
　　つけ、縫い代は 2 枚一緒にジグ
　　ザグミシンをかけて身頃側に倒
　　す（p.55 参照）
7　袖下から脇を続けて縫い、縫
　　い代は 2 枚一緒にジグザ
　　グミシンをかけて後ろ側
　　に倒す
8　袖口を三つ折りにして
　　縫う
9　ウエストにゴムテープ
　　をつける（袖を参照。
　　端は左脇で 2cm 重
　　ねて縫う）
10　裾を三つ折りにして
　　縫う
11　かぎホックをつける
　　（p.53 参照）

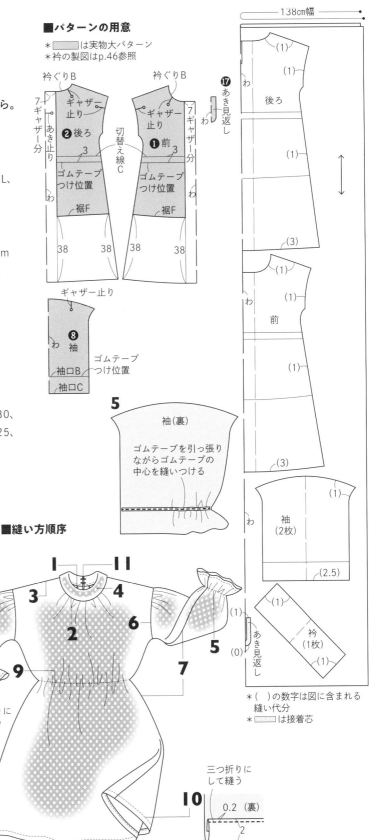

■パターンの用意
＊ □ は実物大パターン
＊衿の製図は p.46参照

❷後ろ　❶前　❽袖　⓱あき見返し

■裁合せ図
138cm幅
後ろ　前　袖（2枚）　衿（1枚）　あき見返し

＊（ ）の数字は図に含まれる
　縫い代分
＊ □ は接着芯

■縫い方順序

5　ゴムテープを引っ張り
　ながらゴムテープの
　中心を縫いつける

8　三つ折りにして縫う

10　三つ折りにして縫う

25 カシュクールベスト

photo — p.29
level — ◆◇◇

p.24 のカシュクールワンピースと同型で、
着丈を短くして袖つけをなくしたベスト。
ひもを結んでもいいし、
前をあけて着てもいい。
体型カバーにもなってうれしいかぎり。

*文中、図中の6つ並んだ数字は、サイズ S、M、L、
XL、2XL、3XL。1つは共通

■出来上り寸法

バスト … 96、100、104、108、112、116cm
ゆき … 31.5、31.5、32、32、32.5、32.5cm
着丈 … 93、93.5、94、.94.5、95、95.5cm

■材料

布[タイプライター] … 110cm幅 200cm
接着芯 … 40 × 20cm

■作り方

1 裾を三つ折りにして縫う (p.33 参照)
2 ひもを作る
3 前衿ぐりを三つ折りにして縫う
　 (p.71 参照)
4 前端を三つ折りにして縫う (図参照)
5 後ろ衿ぐりを見返しで始末する
　 (p.71 参照)
6 肩を縫い、縫い代は2枚一緒にジグザ
　 グミシンをかけて後ろ側に倒す
　 (p.71 参照)
7 袖ぐりを三つ折りにして縫う
8 ひもをはさんで (左脇のみ) 脇を縫い、
　 縫い代は2枚一緒にジグザグミシン
　 をかけて後ろ側に倒す
9 残りのひもをつける

■パターンの用意

* ▨は実物大パターン
* ひもは製図を引く

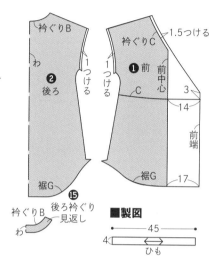

■製図

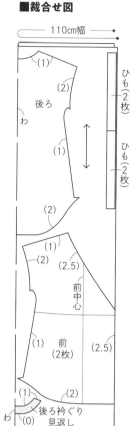

■縫い方順序

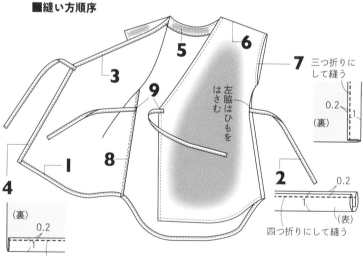

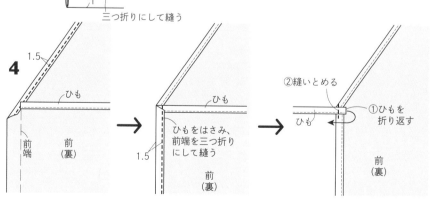

76

26 フレンチスリーブのロングベスト

photo — p.30
level — ◆◇◇

p.4のチュニックと同型で、袖をつけずに
前をあけたらこんなベストになります。
暑い季節はTシャツに合わせてもいいので、
一年中着られます。

＊文中、図中の6つ並んだ数字は、サイズS、M、L、
　XL、2XL、3XL。1つは共通

■出来上り寸法
バスト … 96、100、104、108、112、116cm
ゆき … 31.5、32、32、32.5、32.5cm
着丈 … 93、93.5、94、.94.5、95、95.5cm

■材料
布[綿麻ストライプ] … 106cm幅200cm
接着芯 … 40 × 40cm

■作り方
1 ポケットを作り、つける(p.79参照)
2 裾を三つ折りにして縫う(p.33参照)
3 肩を縫い、縫い代は2枚一緒にジグザグミシ
　ンをかけて後ろ側に倒す
4 衿ぐりを見返しで始末する(図参照)
5 袖ぐりを三つ折りにして縫う
6 脇を縫い、縫い代は2枚一緒にジグザグミシ
　ンをかけて後ろ側に倒す
7 前端を三つ折りにして縫う

■パターンの用意
＊ は実物大パターン

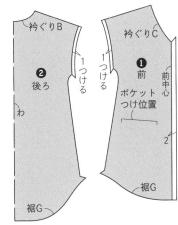

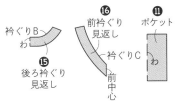

■裁合せ図

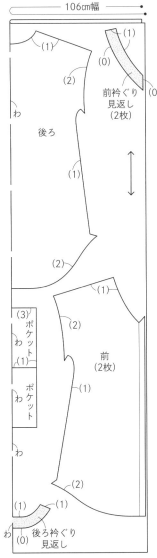

＊( )の数字は図に含まれる縫い代分
＊ は接着芯

■縫い方順序

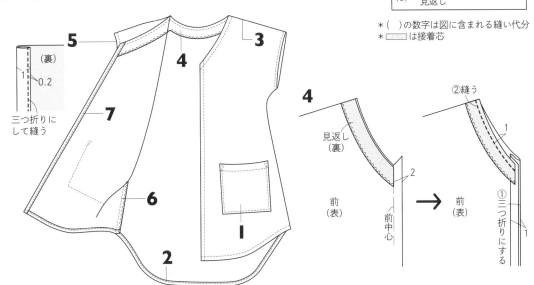

77

27 フードのロングコート

photo — p.31
level — ◆◆◆

p.15 のブラウスと同型で着丈を長く
アレンジしてコートに。
厚手の綿で作れば寒い季節でも暖かい。
前のあきにはスナップをつけ、
あえて左前の打合せにしました。

＊文中、図中の6つ並んだ数字は、サイズ
　S、M、L、XL、2XL、3XL。1つは共通

■出来上り寸法
バスト … 110、114、118、122、126、
　　　　130cm
ゆき … 73、73、73.5、73.5、74、74cm
着丈 … 113.5、114、114.5、115、
　　　　115.5、116cm

■材料
布［綿かつらぎ］… 110cm幅 380cm
スナップ … 直径 1.2cm を6組み

■作り方
1 ポケットを作り、つける（図参照）

2 後ろ身頃にギャザーを寄せて後ろヨー
　　クと縫い合わせる（p.41 参照）

3 肩を縫い、縫い代は2枚一緒にジグザ
　　グミシンをかけて後ろ側に倒す

4 フードを作り、つける（p.57 参照）

5 袖をつけ、縫い代は2枚一緒にジグザ
　　グミシンをかけて身頃側に倒す
　　（p.35 参照）

6 袖下から脇を続けて縫い、縫い代は2
　　枚一緒にジグザグミシンをかけて後ろ
　　側に倒す

7 袖口を三つ折りにして縫う

8 前端を三つ折りにして縫う

9 裾を三つ折りにして縫う

10 スナップをつける

■パターンの用意
＊▨▨▨ は実物大パターン

■裁合せ図

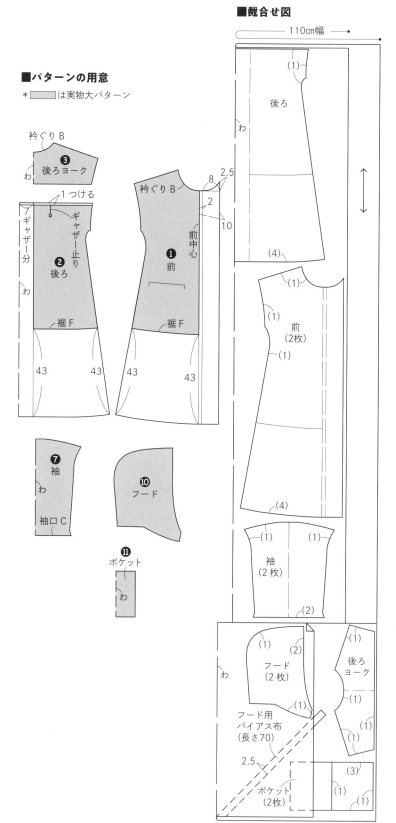

＊（　）の数字は図に含まれる縫い代分

■縫い方順序

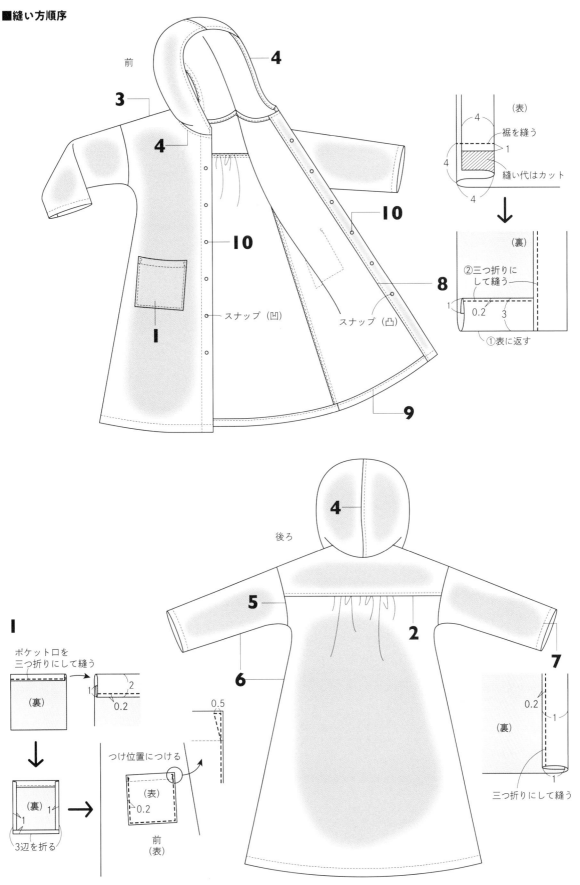

前

3

4

4

10

10

8

スナップ（凹）

スナップ（凸）

9

I

（表）

4

裾を縫う

4

1

4

縫い代はカット

4

（裏）

②三つ折りにして縫う

1

0.2

3

①表に返す

I

ポケット口を三つ折りにして縫う

（裏）

1

2

0.2

（裏）

1

1

3辺を折る

つけ位置につける

0.5

（表）

0.2

前
（表）

後ろ

4

5

2

6

7

0.2

1

（裏）

1

三つ折りにして縫う

79

ブックデザイン …… わたなべひろこ（Hiroko Book Design）

撮影 ……………… 加藤新作

スタイリング ……… 南雲久美子

ヘア＆メイク ……… 梅沢優子

モデル …………… 横田美憧

プロセス撮影 …… 安田如水（文化出版局）

製作協力 ………… 湯本美江子　組谷慶子

作り方元図 ……… 堀江友恵

トレース ………… 西田千尋

パターントレース …… 上野和博

校閲 ……………… 向井雅子

編集 ……………… 堀江友恵　大沢洋子（文化出版局）

月居良子の 一年中の トップス & ワンピース

自分サイズを切りとって使う
縫い代つき実物大パターン6サイズ

2021年11月8日　第1刷発行

著　者　月居良子

発行者　濱田勝宏

発行所　学校法人文化学園 文化出版局
　　　　〒151-8524 東京都渋谷区代々木3-22-1
　　　　☎ 03-3299-2489（編集）
　　　　　 03-3299-2540（営業）

印刷・製本所　株式会社文化カラー印刷

ⒸYoshiko Tsukiori 2021　Printed in Japan

月居良子　つきおり よしこ

デザイナー。「シンプルなのに着ると立体的で美しい」
と日本はもちろんフランスや北欧にも広くファンがいて
人気を得ている。主な著書に『おんなのこのよそいきド
レス』『フォーマル＆リトルブラックドレス』『愛情いっ
ぱい 手作りの赤ちゃん服』『手作りドレスでウェディン
グ』（すべて文化出版局）などがある。

[同時発売]

月居良子の一年中の パンツ & スカート

自分サイズを切りとって使う
縫い代つき実物大パターン6サイズ

ワイドパンツ、
テーパードパンツ、サロペット、
ギャザースカート etc.……27点

本書p.5、6、11、14、15、16、22、23、27、30、31でコーディネート
に使用したボトムスは、こちらの本の掲載作品です。

布提供 ……………………………………

清原
http://www.kiyohara.co.jp/store/
（p.7-04、13-10、14-11、17-14、18
-15、29-25）

Faux & Cathet Inc.
http://www.fauxandcathetinc.com/
（p.12-09、20-16、21-17、25-21）

Fabric-store
http://www.fabric-store.jp/
（p.5-02、6-03、8-05、9-06、10-
07、15-12、16-13、22-18、23-19、
24-20、26-22、30-26、31-27）

撮影協力 ……………………………

CAMPER
☎ 03-5412-1844
（p.9のミュール、p.27のサンダル）

SARAHWEAR
☎ 03-5464-0757
（p.8、12、20、25、29のパンツ）

SHOE & SEWN
☎ 078-881-0806
（p.4、12、17、18、26のサンダル、
p.10の靴、p.22のブーツ）

そのみつ
☎ 03-3823-7178
（p.28の靴）

dansko en … (Tokyo Aoyama)
☎ 03-3486-7337
（p.11、25のサンダル）

nest Robe 表参道店
☎ 03-6438-0717
（p.7のパンツ）

pas de calais 六本木
☎ 03-6455-5570
（p.29のニット、p.30のカットソー）

Paraboot AOYAMA
☎ 03-5766-6688
（p.7のサンダル、p.23の靴）

plus by chausser
☎ 03-3716-2983
（p.6の靴、p.8のサンダル、
p.29のブーツ）

ムーンスターカスタマーセンター
☎ 0800-800-1792
（p.5、15、20のスニーカー）

JURGEN LEHL
☎ 03-3820-8805
（p.21のバングル、p.29のペンダント）

Babaghuri
☎ 03-3820-8825
（p.17のバッグ）

＊撮影協力 …… TITLES